To .

From

Compliment

마음을 움직이고 사람을 변화시키는

칭찬 한마디의 힘

마음을 움직이고 사람을 변화시키는
칭찬 한마디의 힘

용혜원 지음

평단

"아름다운 일에 대해서는 칭찬을 아끼지 않는다면
우리 자신은 그 아름다운 일에 참여하는 것이 된다."

- 프랑수아 드 라로슈푸코François de La Rochefoucauld

:: **머리말**

 칭찬의 힘은 놀랍다. 칭찬을 받은 사람의 마음과 얼굴에는 기쁨과 웃음이 있다. 칭찬은 우리에게 의욕을 갖게 한다. 이 세상에서 칭찬받기를 싫어하는 사람은 한 사람도 없다. 칭찬은 우리가 남을 인정하거나 남에게 인정을 받고 있다는 사실을 알게 해준다.

 칭찬 한마디로 삶이 새롭게 변화된 사람이 많다. 우리의 삶을 성공으로 이끌어주는 방법의 하나가 칭찬이다. 칭찬을 받으며 살아가는 사람들과 칭찬받지 못하고 소외되어 살아가는 사람들의 표정과 삶의 모습은 다르다.

 칭찬은 관심과 무관심을 구분 짓는다. 우리가 남을 칭찬하는 것은 관심을 보이는 것이다. 모든 인간관계는 관심 속에서 이루어진다. 우리의 삶 속에서 칭찬할 일도 없고 칭찬 받을 일도 없다면, 그 삶은 아무런 의미가 없다. 칭찬받을 수 있다는 것은 자신의 일에 열정을 쏟고 최선을 다했기 때문이다. 그만큼 보람 있는 삶을 살아가고 있다는 뜻이기도 하다.

훌륭한 리더는 칭찬을 잘한다. 그들은 칭찬의 시기와 방법을 잘 알아 사람들을 지혜롭게 이끌어간다. 칭찬에는 사람들을 이끌어주는 힘이 있다. 칭찬은 사랑하는 마음이 없으면 할 수 없다.

이 세상에 칭찬받을 일이 늘어난다면 그만큼 세상은 밝아질 것이다. 우리는 날로 어두워져 가는 세상에 칭찬이라는 등불을 하나씩 켜가며 밝고 아름다운 세상을 만들어가야 한다. 칭찬은 사람들에게 힘과 희망을 주고 보람을 준다. 밝게 웃으며 칭찬해주는 한마디가 마음을 얼마나 행복하게 하는지는 칭찬을 받아본 사람이면 누구나 알 수 있다. 삶을 의욕적으로 살아가며 성공을 만들고 남을 돕는 사람들을 살펴보라. 그들은 칭찬을 받으며 살아가는 사람들이다. 버림받은 사람들을 살펴보라. 그들은 칭찬보다는 욕설과 비난으로 상처를 받은 사람들이다.

우리의 삶에서 칭찬은 참으로 중요하다. 그 칭찬의 주인공이 바로 우리가 되어야 한다. 우리가 사랑하는 마음으로 남을 칭찬하고 칭찬받으며 살아가야 한다.

2011년 봄에

용혜원

contents

Part 01 나비를 꿈꾸다_ 칭찬하는 사람으로 탈바꿈

Chapter 01   칭찬하는 말을 하라 • 14
Chapter 02   칭찬 클럽에 가입하라 • 24
Chapter 03   칭찬하는 법을 익히라 • 36
Chapter 04   칭찬은 인간관계에 열매를 맺게 한다 • 44
Chapter 05   삶에 의욕을 주는 칭찬을 하라 • 53
Chapter 06   칭찬은 마음의 문을 활짝 열어준다 • 65

Part 02 소중한 기적_ 칭찬으로 생활에서 기적 맛보기

Chapter 07   칭찬은 희망의 싹을 틔우게 한다 • 76
Chapter 08   칭찬은 미덕의 그림자다 • 83
Chapter 09   칭찬은 용기와 자신감을 준다 • 92
Chapter 10   사람들을 "멋있다"고 칭찬하라 • 99
Chapter 11   상대방의 성공을 칭찬하라 • 105
Chapter 12   상대방의 아이디어를 칭찬하라 • 112

Part 03 세련된 마술사_ 칭찬으로 주변 사람의 사고 변화시키기

Chapter 13 상대방의 노력에 칭찬의 선물을 주라 • 120
Chapter 14 칭찬과 아첨과 꾸짖음은 다르다 • 127
Chapter 15 칭찬으로 사람들을 친구로 만들라 • 134
Chapter 16 칭찬의 리더가 되어라 • 144
Chapter 17 생활 속에서 칭찬을 자주하라 • 152
Chapter 18 칭찬하는 습관을 가져라 • 166

Part 04 인생을 바꾸는 기술_ 칭찬의 기술로 리더 되기

Chapter 19 예의 바른 사람이 칭찬을 잘한다 • 176
Chapter 20 칭찬은 상대방을 설득하는 기술이다 • 182
Chapter 21 지나친 칭찬은 역효과를 불러온다 • 189
Chapter 22 칭찬받는 방법을 익히라 • 195
Chapter 23 탁월한 리더는 칭찬을 잘한다 • 203
Chapter 24 칭찬을 해주면 칭찬을 받는다 • 212

칭찬은 우리의 삶에 순간순간마다
기쁨과 감동의 꽃이 피어나게 한다.

Part 01

나비를 꿈꾸다
칭찬하는 사람으로 탈바꿈

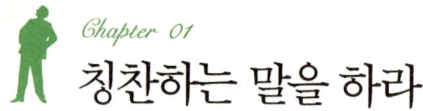
Chapter 01
칭찬하는 말을 하라

칭찬을 받으면 날아갈 듯 기분
이 정말 좋다. 칭찬은 삶에 기적을 만든다. 칭찬을 받으려면
남에게 먼저 칭찬을 해주어야 한다. 마음이 좁으면 세상도
좁아지고 마음이 넓으면 세상도 넓어진다. 칭찬은 마음의
호수에 물수제비를 튀기듯이 잔잔한 파문이 일어나 진한
감동을 만들어 놓는다. 칭찬은 생명력 있는 물과 같다. 그
물이 마음을 적시면 삶이 새로워지고 생동감이 있다. 칭찬
하는 사람이나 칭찬을 듣는 사람이나 두 마음이 다 즐겁고
따뜻해진다. 칭찬은 우리의 삶에 힘을 주는 희망의 언어다.

칭찬 한마디가 때로는 한 사람의 삶 전체를 바꾸어 놓기도 한다.

이 세상에 나 때문에 행복한 사람이 있다는 것은 최고의 즐거움이다. 칭찬은 바로 자신과 타인을 이 세상에서 가장 행복한 사람으로 만들어준다. 칭찬을 할 줄 아는 사람의 언어와 표정은 부드럽고 따뜻하며 여유가 있다. 그리고 남을 이해하고 배려해주는 마음이 넓다.

칭찬이란 언어와 생활에 생동감이 있고 능력이 넘치도록 새롭게 바꾸는 것이다. 칭찬은 사람의 마음을 움직이게 하는 힘이 있다. 칭찬은 용기를 갖게 해주고 마음을 평안하게 하며 능력을 더욱 발휘하게 하는 자극제이기도 하다. 그러나 칭찬이나 찬사는 짧을수록 좋다. 칭찬의 말을 장황하게 꾸미거나 지나치게 세밀하면 오해받을 수 있다. 있는 모습 그대로 순수한 마음으로 칭찬해야 한다.

모든 사람은 완벽하지 않다. 부족하고 나약하고 연약하다. 그러므로 서로 보충해주고 보완해줄 때 더 완성도가 높은 행복을 누리며 살 수 있다. 비록 사람들에게 비난받는 사람도 찾아보면 그의 아름다운 모습을 발견할 수 있다. 또한 완벽하며 칭찬을 많이 받는 사람도 찾아보면 단점과 오점을 발견할 수 있다. 그러므로 누구나 자신의 마음을 진실하게 표현하며 살아가는 것이 중요하다. 진실은 모든 것을 가능하게 만들고 세상을 사랑의 눈으로 바라보게 한다. 삶을 행복하게 살아갈 의미를 던져준다. 남을 칭찬해주는 사람은 남과 자신을 행복하게 하는 사람이다.

지금 자신의 모습을 보면서 스스로 칭찬해 보라. 자신을 칭찬해주면 마음이 편안하고 자신감이 생겨날 것이다. 잠재능력을 향하여 자신에게 외쳐보라.

"나는 세계에서 성공한 사람들과 똑같은 몸을 가지고 있다."
"나는 세계에서 성공한 사람들과 똑같은 정신을 가지고 있다."
"나는 세계에서 성공한 사람들과 똑같은 능력을 가지고 있다."
"나는 세계에서 성공한 사람들과 똑같은 자신감을 가지고 있다."
"나는 세계에서 성공한 사람들과 똑같은 열정이 있다."

이 세상에는 삶을 건강하게 만들어준다는 수많은 약이 있다. 칭찬과 격려는 언어생활의 보약 중의 보약이다. 어려서부터 칭찬을 듣고 성장한 사람과 꾸지람을 듣고 성장한 사람의 모습은 다르게 나타난다. 어느 곳에서나 밝고 명랑하게 살아가는 사람은 칭찬받는 삶을 살아온 사람이며, 그 사람의 얼굴에는 언제나 미소가 있다. 그러나 꾸지람만을 듣고 살아온 사람은 항상 얼굴에 그늘져 있다. 사람들 중에 칭찬을 싫어하는 사람은 없다. 칭찬의 말은 사람에게 기쁨을 주고 긍지를 심어준다. 칭찬의 말은 생명의 샘이요 창조의 씨앗이다. 사람들의 마음을 북돋아 주고 따뜻하게 하며 세상을 긍정적인 마음으로 보게 한다.

남자가 여자를 사랑하게 되면, "여자의 얼굴은 3개월 가고, 성격은 3년을 가지만, 요리는 평생 간다"는 말이 있다. 칭찬도 마찬가지다. 칭찬은 우리의 마음속에 오래도록 인이 되어 남는다. 칭찬은 언어를 통해 우리의 삶을 신나고 맛있게 요리하는 것이다. 우리는 칭찬을 받으며 살아가야 건강한 삶을 살아갈 수 있다. 이 칭찬을 만드는 것은 우리의 세심하고 너그러운 마음이다. 이웃을 내 몸과 같이 사랑하는 마음이다. 칭찬은 인간관계에서 빼놓을 수 없다. 칭찬의 말은 마음을 자극해 행복하게 만들어준다.

칭찬의 말은 수없이 많다. 그러나 그 말에는 가치 있는 말이 있고 가치 없는 겉치레 말이 있다. 가치 있는 진실한 칭찬은 마음속에서 우러나와 하는 말이다. 칭찬의 말은 어떻게 선택하여 어떻게 사용하느냐에 따라 그 효과는 달라진다. 분명한 것은 이 세상에는 칭찬을 싫어하는 사람은 없다. 우리가 이 사실을 알면서도 칭찬의 말을 하지 않는 것은 어리석게 살아가는 삶이 아닐까! 삶 속에서 행복을 만들고 싶다면 자신의 일을 열심히 하면서 남이 잘한 일에는 아낌없이 환호하며 칭찬해주어야 한다. 우리의 삶에 즐거움, 행복, 기쁨 등은 스스로 찾아오지 않는다. 우리 스스로 만들어가야 한다.

우리 주변에서 남에게 호감을 받고, 모든 사람이 좋아하는 사람은 다른 사람의 좋은 점을 인정하고 솔직하게 칭찬하는 사람이다. 그의 삶은 열정으로 가득하다. 칭찬은 우리의 삶에 윤기를 주고 활력소가 된다. 따뜻한 칭찬과 격려의 말은 우리의 마음에 용기와 자신감을 준다. 그리고 강한 추진력을 가지고 행동하게 한다.

요한 볼프강 괴테Johann Wolfgang von Goethe는 윌리엄 셰익스피어William Shakespeare와 호메로스Homeros와 함께 세계적으로 유명한 시인이다. 그는 15세 때에 7개국 언어를 구사

할 수 있는 실력을 갖추었고, 아버지의 영향을 받아 법률 공부를 하였으나 문학에 관심이 많아 문학에 입문한 뒤 83세까지 천재적 재능을 발휘하여 작품을 썼다. 그의 젊은 날의 사랑을 담은 《젊은 베르테르의 슬픔 Die Leiden des jungen Werther》은 당대는 물론 지금까지 읽히는 명작이다.

괴테는 지상에서 가장 불행이라고 말할 수 있는 전쟁 속에서도 흔들리지 않고 과학과 문학 그리고 미술 세계에 몰두했다. 그는 피난길에서 나폴레옹 Napoléon을 만난 적이 있었는데, 나폴레옹이 괴테를 바라보며 "저 사람이야말로 참다운 인간이다"라고 말하였다. 이 얼마나 놀라운 칭찬이며 찬사인가!

당신의 삶 속에서 다른 사람에게 칭찬을 해주고 친절을 베풀어보라. 그러면 당신의 존재의 가치를 더욱 실감하게 될 것이다. 그 이유는 상대방이 당신의 칭찬의 말로 용기를 얻기 때문이다. 그러나 친절한 마음이 있어야 올바른 칭찬을 할 수 있다. 레프 니콜라예비치 톨스토이 Lev Nikolaevich Tolstoi는, "친절은 세상을 아름답게 한다. 모든 비난을 해결한다. 얽힌 것을 풀어헤치고 곤란한 일을 수월하게 하며 암

담한 것을 즐거움으로 바꾼다"고 하였다. 친절은 살맛을 만들고, 행복을 만들고, 웃음을 만든다. 우리를 늘 괴롭히던 편견이나 비판과 비난의 뒤틀림에서 벗어나게 하고, 남을 의심하여 배배 꼬인 마음을 넓게 한다.

칭찬은 다른 사람을 인정하는 것이다. 사람들은 대부분 주위 사람에게 칭찬받기를 원한다. 자신의 진정한 가치를 인정받기를 원한다. 자기 자신이 사는 세계에서 중요한 존재라는 것을 느끼기를 원한다. 그리고 사람들은 싸구려 경박한 아첨의 말을 듣기보다는 진실한 칭찬의 말을 듣기 원한다. 찰스 슈워브Charles Schwab가 말한 것처럼, "진심으로 동의해주고 칭찬하는 데 인색하지 않기를 바란다." 우리 모두는 그것을 원하고 있다. 진실한 칭찬은 헤아릴 수 없는 위력이 있다. 그래서 사람들에게 진실한 말로 그가 중요한 존재라는 것을 말해주면 그의 삶은 달라진다.

우리는 칭찬에 인색해서는 안 된다. 혹시 칭찬해주면 상대방이 자만해지지 않을까 걱정한다면 걱정할 필요 없다. 오히려 칭찬하는 사람이 자신감이 있고 당당하면 상대방은 칭찬의 의미를 분명하게 알게 되고 고마운 마음과 존경하는 마음을 갖게 된다. 우리는 칭찬을 통하여 이 각박한 세상에서 주변 사람과 따뜻한 만남과 교제를 나눌 수 있다. 따뜻함은 상대방을 끌어들이는 힘이 있고, 차가움은 상대방을 멀어지게 한다. 계절도 봄은 따뜻함으로 자연을 되살려 놓지만, 눈 내리고 차가운 바람 부는 겨울은 모든 것을 꽁꽁 얼어붙게 하고 자연을 움츠러들게 한다. 남을 칭찬하고 배려하는 삶은 행복한 삶이다.

사람들은 자신의 마음이나 가치를 알아주는 사람에게 호감을 갖는다. 누구나 마찬가지다. 우리는 다른 사람의 장점을 칭찬해주는 습관을 가져야 한다. 칭찬은 사람의 마음을 움직이게 한다. 칭찬은 곧 그 사람의 가치를 알아주고 인정해주는 것이다. 남을 인정해주는 사람이 자신도 남에게 인정받을 수 있다. 칭찬은 사랑과 관심에서 시작된다. 남을 사랑하는 마음과 관심이 없으면 칭찬할 수 없다. 남을 칭찬해주는 일은 행복한 일이다. 그러면 남도 우리를 칭찬해준다.

연주회가 끝났을 때 관객이 기립하여 박수를 치는 것은 연주자들에게 연주를 잘했다고 칭찬과 격려와 축하를 해주는 것이다. 연설을 들으면서 중간마다 박수를 치는 것도 "공감한다. 같은 생각이다. 잘한다. 좋은 말이다"라는 칭찬과 격려의 박수다. 이렇듯 우리 삶의 곳곳에 칭찬과 격려가 있기 때문에 삶은 그만큼 아름답게 살아갈 가치가 있다. 삶을 멋지게 살아가고 싶다면 남을 칭찬해줄 수 있는 넓은 마음을 가져야 한다.

칭찬해주면 온몸에 찬란하게 쏟아지는 햇살을 받은 듯이 밝아지는 사람들의 얼굴을 생각해 보라. 단 몇 마디의 말로 그토록 사람들을 행복하게 만들어주는 것이 어디에 있겠는가? 남을 사랑하는 마음이 있어야 칭찬할 수 있다. 남을 대하는 태도가 정성이 있고 정다움이 있어야 진실하게 칭찬할 수 있다. 우리도 칭찬받을 때 가슴이 얼마나 따뜻해지고 행복해지는가? 그 마음을 안다면 진실한 마음으로 남을 칭찬해주어야 한다.

> "칭찬의 참된 가치는 명망 높은 사람들과 그 분야의 전문가들의 인정을 받을 때 비로소 확인되는 것이다."
> −발타자르 그라시안Balthasar Gracian

칭찬할 때 좋은 말 10가지

1. "아름답습니다!"
2. "굉장하군요!"
3. "대단합니다!"
4. "기대 이상입니다!"
5. "최고입니다!"
6. "멋집니다!"
7. "예상했던 그 이상입니다!"
8. "소문이 맞습니다!"
9. "당신을 알고 있다는 것이 기쁩니다!"
10. "역시 다릅니다!"

Chapter 02
칭찬 클럽에 가입하라

　　　　　　　　칭찬할 때 가장 중요한 세 가
지는 '멋지게 하라', '진실하게 하라', '자연스럽게 하라'
다. "부드럽게 걷는 사람이 오래 걷는다"는 말이 있듯이,
우리의 삶에 음악이 흐르듯 리듬감이 있으면 삶이 즐거워
진다. 우리가 남을 칭찬할 때 그 사람 마음의 호수에 잔잔
하게 감동을 줄 수 있어야 한다. 그러려면 구체적으로 칭찬
해주어야 한다. 왜냐하면 뜬구름을 잡는 듯한 칭찬은 허공
에 메아리치듯 울릴 뿐 마음에 와 닿지 않기 때문이다. 아
름다운 용모나 능력, 인품을 칭찬해주는 것이 좋다. 그 사

람이 가지고 있는 소지품이나 상대방이 모르고 있는 다른 면을 칭찬해주면 기분이 좋아지게 된다. 이런 칭찬은 부드러운 말로 때와 시기를 잘 맞추어서 하면 효과가 크다.

우리는 굳어진 시각이나 잘못된 판단에서 벗어나야 한다. 마음이 좁은 사람을 "좁쌀영감"이라고 말한다. 우리는 좀 더 넓은 마음으로 좀 더 넓은 시각을 가지고 다른 사람을 바라볼 수 있어야 한다. 우리의 마음에 따라 세상이 달라 보이기 때문이다. 색안경을 끼면 안경의 색상에 따라 세상의 색깔이 달라 보이듯, 우리 마음의 색깔이 분명해야 한다. 이에 따라 우리의 마음은 천국이 될 수도 있고 지옥이 될 수도 있다.

미국의 저술가 샤럿 퍼킨스 길먼Charlotte Perkins Gilrman은, "나는 하나의 편견에 부딪혔네. 그게 완전히 시야를 차단했다"라고 하였다. 그의 말처럼 사람을 진심으로 칭찬하려면 편견부터 버려야 한다. 편견은 우리의 눈을 가리고 상대방을 이해하는 데 한계를 갖게 하기 때문이다. 그리고 미국의 교사 미리엄 로즌Miriam Rosen은, "우리가 우연히 너에게 주었을지도 모를 고정관념들을 거절하라. 여자와 남자, 아이들 그리고 여러 인종의 능력에 관한 모든 고정관념을 밖으로 던져 버려야 한다. 고정관념과 편견이라는 짐을 꾸릴 때는 가볍게 여행하라. 그러면 길의 경치가 더 좋아 보이고 너는 더 좋은 동행자가 될 것이다"라고 하였다. 우리는 고정관념과 편견에서 떠나야 한다. 그래야 우리는 선입관에서 벗어나 따뜻하고 진솔한 마음으로 남을 칭찬할 수 있다. 상대방에게는 우리가 알지 못하고 있는 장점과 좋은 점이 더 많다.

 칭찬은 비위를 맞추는 것이 아니라, 상대방의 장점·미덕·가치를 찾아주는 것이다. 상대방을 제대로 보고 제대로 칭찬해주는 것이 칭찬의 참된 멋이다. 사람을 그냥 스쳐 지나가듯 보고서야 무슨 칭찬이 제대로 나올 수 있겠는가?

 우리가 칭찬하는 것도 중요하지만, 칭찬받을 줄도 알아야 한다. 우리의 삶은 언제나 주고받는다. 삶은 메아리를 울려준다고 한다. 내가 무슨 말을 하든지 내가 어떤 행동을 하든지 다시 그대로 돌아온다. 그러므로 우리는 상대방이 행복할 수 있는 언어를 표현해야 한다. 가능하면 하루에 한 가지 이상 어디에서라도 칭찬하는 자세를 가져야 한다. 칭찬은 사람의 마음을 움직이는 위력이 있다. 칭찬하고 또 칭찬하고 또 칭찬하고 칭찬을 아끼지 마라. 칭찬은 생활을 즐겁게 만드는 영양소가 풍부하게 들어 있다. 우리는 우리의 삶을 맛깔나고 멋지게 살아가야 의미가 있고 재미가 있다.

미국의 심리학자 엘리엇 아론슨Eliot Aronson과 다윈 린다Darwin E. Linda는 칭찬의 방법을 소개하였다.

- 처음부터 마지막까지 칭찬한다.
- 처음에 칭찬하다가 중간에 깎아내린다.
- 처음에는 깎아내리다가 중간에 칭찬한다.
- 처음부터 마지막까지 깎아내린다.

아론슨과 린다의 방법 중에서 가장 좋은 방법은 '처음에는 깎아내리다가 중간에 칭찬하는 것'이라고 한다. 그러나 이 방법은 좋은 방법이 아니다. 칭찬하는 데도 지혜가 필요하다. 상대방의 현재 상태와 처지를 잘 알고 칭찬하면 받아들이는 마음이 더 편할 것이다. 왜냐하면 모든 사람이 똑같은 방식으로 삶을 살아가지 않기 때문이다. 그러므로 넓은 마음으로 이해하며 배려해주어야 한다. 오드리 헵번Audrey Hepburn은 생을 마감하기 전 해에 크리스마스이브 때 아들에게 편지를 썼다.

아름답게 사는 방법

입술이 아름다워지고 싶으면 친절한 말을 하라.

눈이 사랑스러워지고 싶으면 사람들에게서 좋은 점을 보아라.

몸매가 날씬하고 싶으면 네 음식을 배고픈 사람과 나누어라.

머리카락이 아름다워지고 싶으면 하루에 한 번이라도 어린이가 네 머리를 쓰다듬게 하라.

자세가 멋져지고 싶으면 결코 혼자 걷고 있지 않음을 명심하라.

사람들은 상처로부터 복구되어야 하며, 낡은 것으로부터 새로워져야 하고, 병으로부터 회복되어야 하며, 무지함에서 벗어나야 하고, 고통에서 벗어나야 한다.

결코 누구도 버려서는 안 된다.

기억하여라.

만약 도움의 손길이 필요하다면 네 팔 끝에 있는 손을 이용하면 된다.

네가 나이가 들면 손이 두 개라는 사실을 발견하게 된다.

> 한 손은 너 자신을 돕는 손이고 다른 한 손은 남을 돕는 손이다.

 우리가 사람들을 성공으로 이끌려면 조금만 잘해도 칭찬을 아끼지 말아야 한다. "잘했다"고 칭찬을 할 때는 진심으로 아낌없이 해주어야 한다. 인간은 모두 감사와 인정을 갈망한다. 이를 위해서라면 무슨 일이든지 한다. 그러나 위선이나 입에 발린 칭찬을 바라고 좋아할 사람은 아무도 없다.

 아서 게이츠Arthur I. Gates 박사도 《교육 심리학》에서 "인간은 모두 다 동정을 갈망한다. 어린이는 자기의 상처를 무척 보여주고 싶어 하며, 심지어 동정을 많이 받고 싶은 나머지 상처를 만들기도 한다. 이와 마찬가지로 어른들도 상처를 보여주고 싶어 하며 사고나 질병 특히 외과 수술 같은 것 하나하나 다 이야기를 하려고 한다"라고 하였다. 실제든 가정이든 간에 불행에 대한 '자기 연민'은 어느 정도는 누구에게나 있다. 우리는 다른 사람의 생각과 욕구를 이해해주어야 한다. 이해 속에 격려와 칭찬이 나타나기 때문이다.

 칭찬은 상대방의 마음을 이해하는데 도움을 준다. 내가 상대방을 싫어하면 상대방도 나를 싫어하고, 내가 상대방을 좋아하면 상대방도 나를 좋아한다. 내가 웃는 얼굴로 대하면 상대방도 웃는 얼굴로 대한다. 내가 진지하게 말하면 상대방도 진지하게 듣는다. 우리는 칭찬을 받으면 삶에 활력을 찾게 된다. 누구나 칭찬을 듣고 싶어 한다. 칭찬은 보약과 같은 힘을 발휘한다. 칭찬을 받으면 새 힘이 솟는다. 하루에 한 번 이상 칭찬을 하며 살아가자. 칭찬을 주고받으면 항상 같이 있고 싶어질 것이다.

사람들은 편안한 사람을 좋아한다. 자신을 비판하는 사람보다 칭찬하는 사람 곁에 있고 싶어 한다. 우리의 마음에 평안함이 없고 분노가 있으면 다른 사람을 칭찬할 마음이 없어진다. 그러므로 우리는 삶 속에서 분노를 이겨내야 한다. 아래에 분노를 이기는 방법을 소개한다.

- 분노란 뜨거워진 감정이다. 분노에 차서 불끈 쥐었던 두 주먹을 서서히 신중하게 펴고 차분히 의자에 앉아서 심호흡을 하라.
- 분노를 폭발하는 것은 바보 같은 짓이다. "분노를 이겨내야 한다"고 스스로 자신을 타일러라.
- 분노란 작은 울분이 모여서 생긴다. 아무리 작은 울분이라도 지나치지 말고 기록해 보라.

- 울분 하나하나를 기도제목으로 삼고 기도로 울분을 제거하라.
- 분노의 파도가 밀려올 때 "이것이 나의 감정을 화나게 할 가치가 있는가?" 스스로 반성해 보는 훈련을 해라.
- 만약 감정을 상하게 하는 일이 생기면 가능한 한 빨리 해결책을 강구하라.
- 마음으로부터 고통을 몰아내라. 신뢰할 만한 누군가를 찾아가 솔직하게 털어버려라.
- 자신의 마음을 상하게 한 사람을 위하여 마음속에서 악의가 없어질 때까지 기도하라.

다른 사람을 리드할 수 있는 잠재력과 리더십이 있는 사람은 넓은 마음으로 남을 칭찬할 수 있다. 그러므로 우리에게 잠재력과 리더십이 있다는 것을 확인하는 것도 남을 칭찬하는 방법이다. 아래는 잠재력과 리더십을 발견하는 방법이다.

- 자신의 나쁜 습관을 깨뜨려 본 적이 있는가?
- 잘못을 저지르려는 자신을 통제할 수 있는가?

- 자기 멋대로 생각하지 않는가?
- 비판을 객관적으로 처리할 수 있으며, 그런 중에도 요동하지 않을 수 있는가?
- 실망을 창조적으로 사용할 수 있는가?
- 다른 사람과 기꺼이 협력하며, 다른 사람의 존경과 신뢰를 얻을 수 있는가?
- 권위를 세우는데 애쓰지 않고 확고히 할 수 있는가?
- 화해자로 불릴만한 덕을 갖추고 있는가?
- 어렵고 미묘한 사태를 처리해줄 것을 위탁받은 일이 있는가?
- 사람들에게 감당하기 어려운 일을 맡길 때 그 일을 기쁘게 하도록 설득할 수 있는가?
- 자신의 견해와 반대되는 생각이나 모욕, 반발 등을 수용할 수 있는가?
- 친구를 쉽게 사귀고 그들과 지속적인 관계를 유지하는가?
- 다른 사람에게 칭찬받고 인정받는데 지나치게 민감하지 않는가?
- 윗사람이나 낯선 사람 앞에서 마음을 편하게 갖는가?
- 직원들과 동료가 어려워하지 않는가?
- 다른 사람에게 관심이 있는가?
- 재치가 있는가?
- 강하고 꾸준한 의지력을 갖고 있는가?

- 당신에게 해를 끼친 사람을 쉽게 용서하는가? 아니면 원한을 품는가?
- 낙관적인가?
- 자신의 삶에 목적을 분명하게 가지고 있는가?
- 주어진 책임을 기꺼이 맡아 잘 수행하는가?

저술가이자 사회심리학자 조지 크레인George W. Crane 박사는《칭찬 클럽》이라는 소책자를 발간하였다. 이 클럽의 회원이 되려면 한 달 동안 하루에 세 번씩 다른 사람에게 진실하게 칭찬해주어야 한다. 전혀 모르는 사람에게도 칭찬해주어야 하는 것이 가입 신청자들에 대한 조건이다. 이 클럽에 가입하게 되면 칭찬을 받기보다는 칭찬을 해주는 편이 얼마나 행복한가를 체험하게 된다.

칭찬은 하면 할수록 좋다. 칭찬하면 결국에는 주고받게 된다. 우리는 주는 기쁨을 누려야 한다. 칭찬은 바로 남에게 주는 기쁨이다. 받는 자보다 주는 자의 기쁨이 더 크다. 주는 것은 즐거움에서 시작되어야 한다. 우리가 즐거움을 주면 즐거움이 오며, 사랑을 주면 사랑이 오고, 물질을 주면 물질이 온다. 주는 대로 받고 심는 대로 거두는 것이 삶의 법칙이며 믿음의 법칙이다. 우리가 칭찬해주는 법을 배우고 그대로 삶 속에서 실행하여 나간다면 우리 삶의 맥박이 힘차게 움직이고 생동감이 넘치게 될 것이다.

"과분한 칭찬은 변장된 풍자다."
- 헨리 브로드허스트Henry Broadhurst

칭찬을 해야 하는 이유 10가지

1. 칭찬은 기쁨을 준다.
2. 칭찬은 가치를 인정해준다.
3. 칭찬은 마음을 잘 알아준다.
4. 칭찬은 원하는 것을 알아준다.
5. 칭찬은 우월감을 채워준다.
6. 칭찬은 명예심을 높여준다.
7. 칭찬은 한 일을 알아준다.
8. 칭찬은 자존심을 높여준다.
9. 칭찬은 자신감을 갖게 해준다.
10. 칭찬은 뜻밖의 기쁨을 준다.

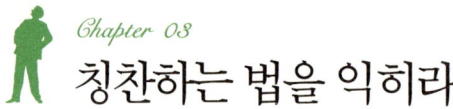
Chapter 03
칭찬하는 법을 익히라

우리는 기쁨을 만들고 기쁨을
누리기 위해서 살아간다. 만약 우리의 삶에 기쁨이 없다면 얼마나 무미건조하고 삭막하며 비참할까! 마치 사막에서 살아가는 것만 같아 생각조차 하기 싫다. 칭찬은 상대방에게 기쁨을 준다. 그러므로 칭찬을 아낄 필요가 없다. 남에게 칭찬하지 않는 것은 그 사람에게 칭찬할 일이 없어서가 아니라, 관심이 없어서다. 칭찬할 마음을 갖고 찾으면 칭찬거리가 많다는 것을 알게 된다. 아주 작은 것이라도 칭찬해주면 상대방은 기분이 좋아지고 '저 사람이 나에게 관심을 갖고 대하는구나' 라고 생각하게 된다. 무관심이 가득한 세상에서 칭찬은 최고의 관심사다. 남을 칭찬해줄 수 있는 사람은 삶에 자신감이 넘치는 사람이다. 자신의 삶을 자신이 원하는 곳으로 이끌어갈 능력이 있는 사람이다. 이런 사람은 삶에 피로를 느끼지 않고 즐겁게 살아간다. 모든 일에 긍정적이고 적극적이기 때문에 주변 사람이 따르고 좋아한다.

우리의 삶에 사랑과 행복을 만들어주는 것은 칭찬이다. 행복한 삶을 살아가기 원한다면 언어를 즐겁고 바르게 표현해야 한다. 언어는 인격의 거울이기 때문이다. 우리가 쓰는 언어는 각 사람의 삶의 모습과 능력을 그대로 나타낸다. 사람과 사람 사이에 말이 통하지 않는다면 그보다 더한 불행은 없을 것이다. 우리는 때에 맞는 언어를 유효적절하게 표현해야 한다. 우리의 행복은 어떤 언어를 사용하느냐에 따라 달라지기 때문이다. 현대 사회는 자기 공간을 가지고 살아가는 사람이 많아 대화가 단절되어 있다. 대화는 인간관계를 맺어주는 통로다. 때로는 어려운 문제가 생겼을 때 대화는 그 문제를 뜻밖에 쉽게 풀어나가게 해준다. 대화는 삶을 평화롭게 따뜻하게 만들어준다.

사랑이 담긴 칭찬은 마음을 부드럽게 만들어준다. 자신

을 칭찬해주는 사람에게 화를 낼 사람은 아무도 없다. 그러므로 칭찬은 하고 또 해도 좋다. 사람의 마음은 욕심이 많다. 칭찬을 표현하는 언어는 만족을 모른다고 해도 좋다. 그러므로 상대방의 마음을 즐겁게 해주도록 아낌없이 칭찬을 해주어도 좋다. 상대방만이 가진 독특한 점을 칭찬해주면 상대방은 남이 가지고 있지 않은 독특한 점이 있다는 것을 알게 되어 좋아한다. 부분적인 칭찬을 해주는 것도 좋고 간접적인 칭찬을 해주어도 좋다. 칭찬은 우리의 삶에 순간 순간마다 기쁨과 감동의 꽃이 피어나게 한다. 칭찬은 우리의 삶에 아름다운 열매를 풍성하게 열리게 한다.

"칭찬! 실로 이만큼 멋지고 아름답고 소중한 것이다. 사랑도, 사업도, 예술도, 일도, 모든 미덕도 결국에는 이 아름다운 말을 듣기 위해 존재한다"는 말이 있다. 누구든지 칭찬을 받으면 기뻐한다. 이 '기쁜 감정'이란 도대체 어떤 것일까? 어느 심리학자는 이 기쁜 감정을 둘로 나누었다.

하나는 '자기 확신의 칭찬'이다. 이것은 이미 자신도 알고 있는 장점을 칭찬받는 경우다. 예를 들면, 키가 늘씬하게 커서 멋있다든지, 핸섬하다든지, 미인이라든지, 붙임성이 있다든지 등의 말이다. 다른 하나는 '자기를 넓혀주는 칭찬'

이다. 이것은 지금까지 자신이 전혀 깨닫지 못한 점을 다른 사람으로부터 칭찬받는 경우다. 가령, 눈 표정이 매우 매혹적이라든지, 웃음소리가 예쁘다든지, 손이 아주 곱다든지 등의 말이다.

여기 '자기 확신의 칭찬'과 '자기를 넓혀주는 칭찬'을 비교하면 자기를 넓혀주는 쪽의 기쁨이 단연 크다. 특히 여성은 현저하게 그러하다. 자신의 모습이 칭찬을 받는다는 것은 기분 좋은 일이다. 사람들이 새 옷을 사 입고, 화장을 하고, 반지를 끼고, 자신을 멋지게 다듬고 가꾸는 이유는 남들이 보아주기를 바라는 마음이 있기 때문이다. 바른 인간관계를 유지하는 사람이 남을 칭찬해줄 수 있는 마음의 여유가 있다. 아래에 그 방법을 소개한다.

- 상대방의 장점만 보고 결점이나 약점을 보지 않는다.
- 평소의 노고에 감사하며 이에 보답한다.
- 상대방의 고민이나 불만을 이해해주며 해결 방안에 대해 이야기를 나눈다.
- 상대방에 대해 진지하게 관심을 갖고 상대방의 입장이나 마음을 잘

헤아려 준다.
- 상대방의 자주성을 존중하며 일방적으로 억압하거나 자신의 생각을 강요하지 않는다.
- 상대방의 실패를 노골적으로 공격하지 말고 지도하며 도와준다.
- 상대방을 차별하지 않고 공평하게 대하며 자신의 일처럼 상대방의 이익도 생각한다.
- 때로는 완벽하지 않은 모습을 보여준다.
- 변덕쟁이가 되지 말고 자신의 감정과 생각을 조절한다.
- 부하를 신뢰하고 성의 있게 대한다.

사람들은 날마다 거울을 보면서 자신을 확인하며 살아간다. 거울을 본다는 것은 자신을 느끼는 것이다. 자신의 모습을 확인하고 사랑하는 것이다. 그래서 자신의 얼굴이나 신체에 대한 것은 누구보다도 가장 잘 알고 있다고 자부한다. 그런 자신의 모습을 보고 칭찬해주는 사람이 있을지라도 이미 알고 있기에 그다지 기쁨이 크지 않는다.

나는 아침에 일어나면 거울을 보며 거울에 비친 나의 얼굴을 보면서 감탄하고 칭찬한다.

"거울아! 거울아! 이 세상에서 누가 제일 잘 생겼니?"라고 물으면 거울이 대답해준다.

"너야! 너야! 너야!"

나는 다시 거울을 보면서 외친다.

"나는 최고의 걸작품이다!"

이렇게 외치면 왠지 기분 좋게 하루를 시작할 수 있다. 우리는 세계 67억 인구 중에 단 한 사람이다. 나만의 독특한 모습을 지니고 있다. 우리는 모두 걸작품이다. 우리는 자기 스스로 기쁨을 갖지 못한다면 남에게 기쁨을 줄 수도 없고 남을 칭찬해줄 마음의 여유도 생기지 않는다. 자기 자신에게도 마음껏 칭찬해주는 맛도 좋을 것이다.

우리가 상대방에게 "눈웃음이 아주 섹시해. 보기만 해도 가슴이 두근거릴 정도야" 하고 그가 미처 몰랐던 점을 칭찬해주면 상대방은 깜짝 놀라게 된다. "내 눈웃음이 정말 그럴까? 내 눈이 매력적이구나" 하며 마음이 열리게 되고 기분이 좋아지게 된다. 칭찬받는 여성은 아마도 하늘에라도 오를 듯이 기뻐할 것이다. 그것은 자기 존재가 다른 사람에게 관심의 대상이 되고 있다는 것을 느끼기 때문이다.

여성은 남다른 독특한 매력을 갖기를 원한다. 여성을 만날 때 그 독특한 매력을 칭찬해주면 좋다. 남성은 자신이 미처 몰랐던 업무상의 장점을 칭찬받을 때 더욱 열심히 하고자 하는 의욕을 갖게 된다. "자네는 참 일 처리를 잘하는 군. 자네 머리는 참 좋군. 역시 최고야!"라는 식으로 칭찬을 해주면 상대방도 어느 정도 과장이라는 것을 알면서도 자신의 머리 회전이 빠르다는 것을 발견하고 그것을 인정해주는 사실에 매우 기뻐한다. 이처럼 상대방이 미처 알고 있지 못한 부분을 칭찬해주는 것이 인간관계를 잘 맺는 포인트다.

"칭찬은 선량한 사람들은 더 선하게 하고 나쁜 사람들은 더 나쁘게 한다."
-토머스 풀러 Thomas Fuller

상대방을 칭찬하는 방법

1. 모호한 칭찬으로 하지 말고 구체적으로 하라.
2. 많은 말보다는 간결하게 하라.
3. 가까운 사람에게나 제삼자에게 칭찬하라.
4. 큰일뿐만 아니라 사소한 일에도 칭찬해주라.
5. 상대방의 주위 사람들을 칭찬해주라.
6. 우연 그리고 의외의 상황에서 칭찬하라.
7. 상대방에 따라 칭찬의 내용이나 방법을 다르게 하라.

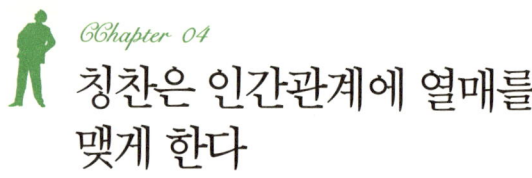

Chapter 04
칭찬은 인간관계에 열매를 맺게 한다

혼자서 칭찬할 수는 없다. 칭찬은 사람들과의 관계 속에서 이루어진다. 칭찬하는 것은 인간 존재를 어떻게 보는가를 말해주기도 한다. '칭찬한다'하면 즉시 말로만 어떻게 칭찬할까 생각하는 사람이 많지만, 이는 칭찬에 대해서 잘 모르기 때문이다. 사람들의 진실과 마음과 행동을 평가하는 것이 칭찬이다. 칭찬을 잘하려면 상대방을 잘 알아야 한다. 칭찬하는 것도 받는 것도 서로가 잘 알지 못하면 칭찬의 효과는 떨어진다. 칭찬은 마음이 불안하거나 초조하거나 불쾌할 때는 잘 받아들여지지 않는다. 칭찬은 할 때나 받을 때나 마음에 여유가 있고 편안해야 잘 받아들여진다. 그러므로 인간관계를 잘 맺으려면 그 시기를 잘 맞추어 칭찬해야 한다.

성숙한 사람들은 칭찬을 받으면 자신의 삶을 살펴보면서 더 진실하고 올바르게 살려고 다짐하기도 한다. 그러므로 칭찬은 사람을 사람답게 만들어준다. 칭찬을 받으면 마음에 불을 켜놓은 듯 사람들의 얼굴이 환해진다. 칭찬이 그만큼 놀라운 힘을 가지고 있다는 것을 우리에게 알려준다. 우리도 칭찬을 받으면 우리의 마음에 변화가 오는 것을 느낄 수 있다. 그리고 칭찬은 우리의 삶에 행복이란 밭을 만들어 준다. 우리는 그 밭에 씨를 뿌리고 가꾸며 열매를 거두어야 한다. 그것을 또다시 나누어야 한다.

상대방을 잘 알지 못해도 칭찬은 할 수 있다. 그러나 그것은 금붕어가 입만 벙긋 벙긋하듯이 형식적인 칭찬에 불과하다. 입에 발린 칭찬은 할 필요가 없다. 진실한 칭찬이 진정한 칭찬이 된다. 남에게 칭찬을 받고 싶다면 먼저 칭찬하라. 순간적인 말장난이 아닌 진실한 마음으로 칭찬하면 놀라운 결과를 보게 된다. 진실은 어디서나 통할 수 있고 시간이 지나도 그 자취는 긴 여운으로 남는다. 상대방을 사랑하지 않으면 진실하게 칭찬할 수 없다. 우리가 잘 모르는 사람은 겉모습이나 옷, 헤어스타일, 첫인상 정도는 칭찬할 수 있지만 그 사람의 성격이나 마음가짐과 능력까지는 칭찬할 수 없다. 칭찬에는 가랑비처럼 스쳐 지나가는 칭찬도 있지만, 소낙비처럼 흠뻑 적셔주는 칭찬도 있다. 이 시대는 진정한 칭찬이 필요한 시대다. 고독과 소외와 절망으로 찌든 삶을 살아가는 사람이 많기 때문이다.

또한 겸손한 사람이 남을 칭찬해줄 수 있는 마음이 있다. 교만은 남을 생각하고 배려하는 마음이 없다. 타인을 생각하지 않고 오로지 자신만을 위한 삶을 살아간다. 우리의 일상생활 속에서 아래의 겸손의 시구詩句를 매일 고백하는 훈련을 해 보자.

겸손

매일매일 겸손한 마음으로 하루를 살라.
동료의 허물과 약점을 보면서
자신에 대한 우월감을 갖지 마라.

그들의 과실을 덮어주고

그들의 장점을 칭찬해주며

그들의 부족을 도와주고

그들이 잘되는 것을 기뻐하며

그들의 어려움을 불쌍히 여기고

그들의 우정을 잘 받아들이며

그들의 불친절함을 너그럽게 이해하고 용서하며

종들의 종이 되어

가장 낮은 사람들 중에

가장 낮은 마음으로 행함으로 자신을 낮추라.

우리는 이렇게 외쳐야 한다.

"나는 날마다 긍정적인 말, 건강한 말, 생명의 말, 생산적이고 창조적인 말, 축복의 말, 힘과 격려를 주는 칭찬의 말을 하겠다!"

우리의 언어는 삶에 그대로 메아리가 된다. 우리의 주변을 살펴보면, 늘 "피곤하다"고 말하고 짜증을 자주 내며 비판을 일삼고 살아가는 사람의 얼굴에는 기쁨이 없다. 그런 사람들은 성실하지 못하기에 칭찬받을 일도 없고 남을 칭찬하지도 않으며 불평만 한다. 그러나 늘 밝고 명랑한 사람들은 말에도 기쁨이 있고 친절하며 성실하다. 그런 사람은 일도 열심히 하기에 칭찬을 받는다. 우리의 삶이 행복하려면 언어부터 바꾸어야 한다. 우리가 말한 대로 메아리가 되어 돌아오기 때문이다. 그러므로 이제 아래와 같은 방법으로 진실하게 칭찬해 보자.

- 눈에 보이는 것부터 칭찬한다.
- 잘한 부분부터 칭찬한다.
- 비교해서 칭찬한다.
- 거듭 칭찬한다.
- 부수적인 것까지 칭찬한다.
- 공개적으로 칭찬한다.
- 작은 것부터 칭찬한다.
- 즉석에서 칭찬한다.
- 습관적으로 칭찬한다.
- 혀로만 하지 않고 행동으로 보여주는 칭찬을 한다.

칭찬하는 것은 인간관계와 밀접한 관계가 있다. 칭찬을 잘하는 사람은 인간관계도 잘하고 주변 사람이 모여든다. 칭찬은 인간관계의 기본이고 바른 인간관계를 유지해 나가는 방법이다. 우리는 날마다 자신의 삶을 돌아보아야 한다. 자신을 진실하게 알고 있는 사람이 다른 사람을 진실하게 칭찬할 수 있기 때문이다. 진리와 진실은 통하고 우리의 삶을 자유롭게 만들어준다.

우리는 누구나 살아가면서 어려움을 겪는다. 우리가 알든지 모르든지 삶에서 갖가지 어려움을 만난다. 우리의 삶은 카메라와 같다. 카메라가 있는 모습 그대로 찍어 사진에 나타내듯이 우리의 삶도 뒤돌아보면 자신이 살아왔던 그대로 남게 된다. 그러므로 바른 인간관계 속에서 서로 격려하며 살아가야 한다.

랠프 월도 에머슨Ralph Waldo Emerson은, "지금 이 순간이 결정적인 순간임을 부인하는 것은 환상들 중의 하나다. '매일은 한 해의 가장 좋은 날이다'라는 것을 마음속에 새겨라. 하루하루가 심판 날임을 모른다면, 어떤 사람도 정당하게 벌 수 없다. 오늘은 변장한 축제일이다. 축제일은 매일 기쁜 날이다"라고 하였다. 우리는 우리의 마음에 따라 날마다 삶이 달라진다. 내가 행복하면 다른 사람이나 세상도 행복하기를 원한다. 바다에 가보라. 파도가 우리의 마음처럼 파도치는 것을 느낄 수 있다. 우리가 사랑하는 마음으로 파도를 바라보면 파도도 "사랑해! 사랑해!" 하면서 파도친다. 그러나 미운 마음으로 파도를 바라보면 파도도 "미워해! 미워해!" 하면서 파도치는 것만 같다. 그러므로 우리의 마음이 중요하다. 이제 사랑하는 마음을 가지고 아래의 방법으로 좋은 인간관계를 맺어 보자.

- 먼저 다가가서 말을 건다.
- 밝고 시원시원하게 말한다.
- 소망과 기쁨을 주는 언어로 말한다.
- 모든 것을 긍정적으로 표현한다.
- 상대방이 알기 쉽게 말한다.
- 성실하게 말한다.
- "당신 덕분에"라는 마음으로 칭찬하며 말한다.
- 말하기 전에 상대방을 주시한다는 것을 의식하게 한다.
- 억지로 하거나 오만하게 행동하지 않는다.

- 잘못한 것이 있다면 솔직하게 사과한다.

우리가 따뜻한 인격으로 칭찬하고 격려해주는 대화를 나눌 때 좋은 인간관계를 맺을 수 있다. 그리고 따뜻한 인격으로 강력하고 적극적인 의사소통을 하면 사람들에게 영향력을 줄 수 있다. 그러므로 우리가 함께하는 사람들에게 발전하고 성장하도록 도와주려면 따뜻한 인격을 갖추고 부드러운 대화를 나누어야 한다.

"바보라도 칭찬을 해 보라. 쓸모 있는 인간이 될 것이다."
-토머스 풀러Thomas Fuller

칭찬과 격려의 대화 방법

1. 사람의 문제보다는 일에 대한 주제로 대화하라.
2. 말과 신체의 표현을 상대방에게 진실하게 보여라.
3. 상대방의 존재, 개성, 중요성을 인정해주는 말로 하라.
4. 구차한 말보다는 구체적으로 말을 하라.
5. 앞뒤의 말이 연결성 있도록 논리적으로 하라.
6. 누가 중심인지를 생각하며 대화하라.
7. 경청하는 자세로 하라.

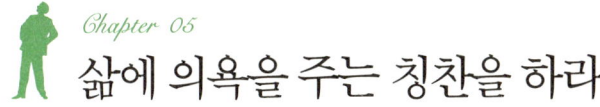
Chapter 05
삶에 의욕을 주는 칭찬을 하라

오늘날 수많은 사람이 지쳐 있고 의욕을 잃거나 자신이 어디로 가야 할지 몰라 방황하고 있다. 그 이유는 자신이 하고 싶은 일보다는 돈이 필요해서 때로는 임시방편으로 일하기 때문이다. 그리고 남과 비교하여 자신을 비관하며 낙심하고 삶을 포기하는 사람들도 있다. 약물 중독자가 늘어가고 진정제가 많이 팔리며 자살자의 수가 날로 늘어가고 있다. 사회의 환경으로 사랑이 식어가고 가족이 붕괴되며 직장은 평생을 보장해주지 못하기 때문에 불안하다. 이렇게 삭막한 사회라고 해서 우리는 그냥 그대로 살아갈 수는 없다. 삶에 기쁨과 의욕을 갖고 서로가 강하고 힘차게 살아가는 방법을 알아내어 표현하며 살아가야 한다. 한 사람 한 사람 자신이 있는 곳에서 최선을 다한다면 세상은 좀 더 달라질 것이다. 서로 격려하고 서로 칭찬하며 힘을 북돋아 준다면 모든 것이 제자리를 찾아가고 달라질 것이다.

칭찬을 받으면 삶에 의욕이 생기고 활력이 생긴다. 칭찬을 받는다는 것은 자신이 현실 속에서 잘 살아가고 있다는 것을 증명해주는 것이다. 사람들에게 의욕을 줄 수 있는 것은 칭찬이다. 사람들에게 칭찬했을 때 기대 이상의 결과가 나타나게 된다.

가정에서도 아내가 음식을 만들었을 때 칭찬해주면 아내의 마음은 즐거워지고 다음에 더 맛있는 음식을 만들고 싶어진다. 하루는 아들에게 말했다.

"엄마가 맛있는 음식을 만들었으니 칭찬을 해드려라."

"엄마, 밥이 맛있어요! 반찬이 맛있어요! 숟가락이 멋있어요! 젓가락도 멋있어요! 엄마도 멋있어요!"

아들이 활짝 웃으며 말했더니 아내도 활짝 웃으며 행복한 표정을 지었다. 웃음은 스트레스를 해소하는 엔도르핀을 신체에 분비하게 한다. 웃는 사람은 호감이 가고 접근하기가 그렇지 않은 사람보다 쉽다. 한마디로 웃음은 명약이다. 이 웃음을 바로 칭찬이 유발하게 한다. 그러나 칭찬하기는커녕 서로 방관이라도 하듯이 살아간다면 삶은 힘을 잃고 의욕이 상실되고 만다. 칭찬을 받으면 기쁨 속에 웃음이 나온다. 우리의 삶에는 날마다 기쁨이 있어야 한다. 우리는 기쁨을 누리기 위하여 살아간다. 15초 동안 크게 웃으면 수명이 이틀 연장되고, 1분 동안 크게 웃으면 10분간 빠르게 걸은 것과 같은 운동 효과를 볼 수 있다고 한다. 최근에는 웃음을 암 치료 등 임상에 적용하는 의사들도 있다고 한다.

하나님의 선물이라고 불리는 웃음에는 어떤 비밀이 숨겨져 있을까? 1992년 말기 위암 진단을 받고 위장·비장·쓸개를 잘라내는 대수술을 받은 어느 목사는 생존율 3퍼센트라는 현대 의학의 판정을 비웃기라도 하듯 지금도 건강하게 살고 있다고 한다. 낙관적인 삶의 태도와 만족스러운 성생활에서 나오는 웃음이 암 같은 난치병도 치유할 수 있다는 뜻이다. 억지로 웃더라도 건강에 도움이 된다고 전문가들은 말한다. 웃음이 주는 것은 다음과 같다.

- 웃으면 다른 사람의 호감을 살 수 있다.
- 웃음은 긴장을 풀어주고 편안한 마음을 갖게 한다.
- 웃음은 대화의 벽을 낮춰준다.
- 웃음은 거리감을 없게 해준다.
- 웃으면서 재미있는 말로 화해의 분위기를 만들 수 있다.

칭찬하는 것은 자신의 마음을 상대방에게 전하는 것이며, 상대방을 높이는 것이다. 영국의 소설가 윌리엄 서머싯 몸 William Somerset Maugham은, "사람들은 당신에게 비평을 원하지만, 사실은 칭찬을 받고 싶어 할 뿐이다"라고 하였다. 누구나 비판이나 비평을 받기보다는 칭찬을 받고 싶어 하는 것이 본심이다.

나는 아내에게 "예쁘다"는 말을 자주한다. 식사 후에도 "잘 먹었다! 반찬이 맛있다!"는 말을 꼭 한다. 나는 늘 가족과 함께할 수 있는 시간이 주어진 것에 감사하며 살아간다. 우리가 칭찬의 언어를 삶 속에서 자주 사용하면 모든 삶이 즐거워진다. 우리가 함께하는 가족을 칭찬해주고 격려해주면 서로 간에 믿음이 생기고 사랑하는 마음이 생겨서 아름다운 가족 공동체를 세워갈 수 있다.

사람들에게는 누구나 부족하고 연약하며 나약한 점이 있다. 모든 부족한 점은 신체적 결함이나 보이는 것만이 아니다. 인간이면 누구에게나 단점 혹은 약점이 있다.

우리에게 사랑이 충만해야 남을 칭찬할 수 있다. 우리의 마음속에 진정한 사랑이 있는지 없는지는 무엇으로 판단할 수 있을까? 〈고린도전서〉 13장 4~7절에 있는 진정한 사랑의 열네 가지 특성을 우리가 삶 속에서 나타내야 한다. 우리의 마음이 사랑으로 고동칠 때 그 결과는 우리의 입으로 나타난다. 남을 칭찬하게 되고 치유의 말, 격려의 말, 믿음의 말 등을 하게 된다. 사랑의 열네 가지 특성은 다음과 같다.

첫 번째, 사랑은 오래 참는다.

오래 참는다는 것은 우리를 화나게 한 사람들에게 화를 내야 하지만, 화를 내지 않는 것이다. 용서와 사랑하는 마음은 분열된 관계를 회복하게 하고 다시금 원활하게 해준다. 오래 참음의 말들은 행복과 성장을 진실하게 칭찬해주는 마음으로 보이게 한다.

두 번째, 사랑은 온유하다.

온유라는 말은 다른 사람이 당하고 있는 형편이나 현실을 그대로 받아들이는 것을 말한다. 온유는 여러 가지 일을 진실하게 이해하며 넓은 마음으로 친절과 격려와 칭찬의 말을 해주는 것이다.

세 번째, 사랑은 시기하지 않는다.

진정한 사랑은 다른 사람의 성공을 축하해주며 칭찬을 아끼지 않는다. "축하합니다!", "정말 잘 됐습니다!", "노력이 열매를 맺었군요!"

네 번째, 사랑은 자랑하지 않는다.

남을 사랑하는 마음은 모든 일이 이루어지는 것을 하나님의 은혜로 영광을 돌리고 다른 사람의 잘된 일에 먼저 칭찬해준다.

다섯 번째, 사랑은 겸손하다.

참으로 겸손한 마음은 어떠한 일이 일어났을 때에도 우리를 주님께서 인도하여 주심을 믿고 그리스도의 뜻을 기쁨 속에 이루어간다.

　여섯 번째, 사랑은 자기의 유익을 구하지 않는다.
　사랑의 마음은 상대방의 말을 묵묵히 들어준다. 그것은 상대방의 매우 흥미롭고도 중대한 일에 대해 진심으로 관심을 갖는 태도다.

　일곱 번째, 사랑은 성내지 않는다.
　성내지 않는다는 것은 대화를 나눌 때 들어주는 것이며, 지혜롭게 살펴보고 잘 대처하며 모르는 것은 배우고 이해하는 마음이다.

　여덟 번째, 사랑은 악한 것을 생각하지 않는다.
　이 사랑의 특성은 과거에 있었던 좋지 못한 일들을 다시금 말하지 않는 것이다. 오늘 현재의 좋은 것들을 칭찬과 격려를 해주며 살아가는 것이다.

　아홉 번째, 사랑은 불의를 기뻐하지 않는다.
　이 사랑의 마음은 다른 사람에 대한 험담이나 비방 또는 그 외에 어떠한 나쁜 영향을 끼치는 말들을 물리치도록 해준다. 이 마음은 다른 사람이 잘못된 일을 하도록 부추기지 않으며, 다른 사람의 실패에 대해 기뻐하지 않는다. 또한 하나님의 의로움과 반대되는 일을 매우 안타깝고도 유감스럽게 생각한다. 이 사랑은 불의에 대해 진지하게 맞서서 하나님의 의를 촉구하는 말을 하게 해준다.

열 번째, 사랑은 진리 안에서 기뻐한다.
겸손과 사랑으로 남을 칭찬해주는 것은 사랑의 언어 표현이다.

열한 번째, 사랑은 보호를 해준다.
보호하려는 마음은 어떤 좋지 못한 소식을 들었을 때 그 의문스러운 점을 상대방이 긍정적으로 생각하도록 도와주며 보호하는 것이다.

열두 번째, 사랑은 믿는 것이다.
우리가 다른 사람을 칭찬한다는 것은 그 사람을 믿고 사랑하는 결과이다. 다른 사람을 믿는 혀는 남을 함부로 판단하지 않는다. 정직함과 덕스러움으로 다른 사람을 칭찬하고 격려한다.

열세 번째, 사랑은 소망이다.

사랑은 내일의 꿈과 비전을 가져다준다. 삶을 긍정적으로 살아가게 하고 어려움을 극복할 수 있게 한다. 그리고 사랑이 담긴 칭찬의 말은 삶에서 일어나는 갖가지 일을 해결할 의욕을 갖게 한다.

열네 번째, 사랑은 견디는 것이다.

사랑은 아무리 현실이 어렵고 힘들어도 잘 견디게 한다. 우리가 다른 사람을 칭찬해주는 것도 한순간만을 보고서 섣부르게 해서는 안 된다. 오랫동안 함께 해주고 진실한 마음으로 칭찬을 해주어야 한다.

랠프 월도 에머슨은 이렇게 말하였다. "창조주가 만든 모든 것에는 흠이 있다. 어떤 사람의 단점은 열등감과 무능함이다. 어떤 이의 단점은 만인이 증오하는 비난과 배척이다. 어떤 이는 사랑 받을 가치가 없다고 느낀다. 어떤 이는 사랑을 줄 수 없다. 어떤 이는 공포에 사로잡혀 있다. 어떤 이는 욕구 불만과 실패 때문에 고생한다. 어떤 이는 이기주의 때문에 갇혀 있다. 어떤 이는 술이나 마약의 노예가 되어 있다. 어떤 이는 자녀 때문에 마음의 병에 걸려 있다. 어떤 이는 부모 때문에 고통을 당하고 있다. 어떤 이는 타버린 꿈들의 회색 재를 가지고 있다. 어떤 이는 무너진 희망과 이루지 못한 약속들 때문에 고민한다. 어떤 이는 우리가 무가치한 존재라고 고집한다. 어떤 이는 인생이 무의미하다고 강조한다."

우리 인생의 여행길에는 장애물과 위험이 내포된 모험 그리고 단점을 가진 우리가 처리해야 할 어려운 일이 많다. 그러나 우리는 이길 수 있다. 우리가 삶이란 여행길에서 서로 도와주고 격려하며 칭찬해주면 분명히 변화된 삶을 살아갈 수 있다.

"비평보다 더 중요한 것은 칭찬이다."
―찰스 슈워브Charles Schwab

삶에 의욕을 주는 칭찬

1. 칭찬은 얼굴 표정과 성격을 좋게 변화시켜준다.
2. 작은 칭찬 한마디도 삶에 힘과 능력을 발휘하게 한다.
3. 칭찬은 숨어 있던 자신감을 나타내게 한다.
4. 칭찬을 자주 받으면 자신이 갖고 있는 열정을 다 쏟아서 일한다.
5. 칭찬을 해주면 자신 속에 숨어있는 잠재력을 발휘하게 한다.
6. 칭찬을 해주면 매사에 태도가 달라진다.
7. 칭찬을 해주면 솔선수범하여 일을 한다.
8. 칭찬을 해주면 대인관계를 더 잘하게 된다.

9. 칭찬을 받으면 모든 일에 의욕을 갖고 잘 하게 된다.
10. 칭찬을 받으면 다른 사람에게도 칭찬을 해줄 수 있는 마음의 여유가 생긴다.
11. 칭찬을 받으면 삶을 기쁘게 살아간다.

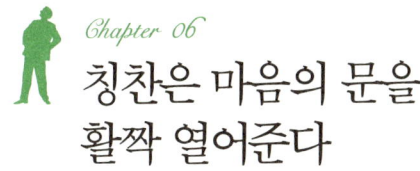

Chapter 06
칭찬은 마음의 문을 활짝 열어준다

모든 사람은 문을 하나씩 가지고 살아간다. 그 문은 마음의 문이다. 마음의 문이 닫혀 있으면 우리는 아무 일도 할 수 없다. 칭찬은 마음의 문을 활짝 열어준다. 사람들에게 칭찬을 해 보라. 칭찬받은 사람은 입가에 웃음이 돌고 기뻐한다. 칭찬을 해주면 사람들은 마음의 문을 열고 상대방이 하는 말을 잘 들어준다. 관심은 관심을 낳고 무관심은 무관심을 낳는다. 세상이 무관심하다고 불평만 하지 말고 남에게 관심을 두고 친절과 진실로 대하는 것이 중요하다.

사람의 마음이 서로 통할 수 있다는 것은 행복한 일이다. 마음이 닫혀 있으면 인간관계는 물론 갖가지 어려운 일이 생겨날 수 있다. 칭찬을 통해서 사람들의 닫혀 있던 마음이 쉽게 열릴 수 있다. 사람들의 마음의 문을 열려면 꾸짖는 것보다 격려하고 칭찬해주는 것이 더 효과적이다. 우리의 건강, 행복, 성공에 대한 어려움은 반드시 우리의 마음속에 있다. 그러므로 스스로 갇혀 있는 마음의 감옥에서 벗어나야 한다.

우리는 칭찬을 들으면 기분이 좋아진다. 처음 만난 자리에서도 "사진보다 실물이 훨씬 멋있네요!", "처음 만났는데도 오랫동안 만난 것처럼 마음이 편안해요!", "첫인상이 참 좋군요!" 하는 말을 상대방이 들으면 마음의 문이 자신도 모르는 사이에 활짝 열리게 된다. 그로 말미암아 처음 만남의 서먹서먹한 거리감은 친밀감을 갖게 한다. 이렇듯 사람들은 누구나 남이 자신을 높여주면 기분 좋아한다.

가정에서 남편이 퇴근하여 현관문을 열고 들어오면서 "여보, 나왔어요!" 하는 데도 얼굴도 마주치지 않고 "알아요, 나도 당신이 온 지 알아요!" 하면 기분이 어떨까? 남편이 몸을 씻고 나와서 "여보, 나 배고파 밥 좀 줘요!" 하는 데도 얼굴도 안 보고 "드라마 끝나고 밥 주면 안 돼요!" 한다면 얼마나 분위기가 썰렁할까? 그러나 퇴근하는 남편을 웃음으로 반갑게 맞이하면서 "여보, 수고했어요! 식사를 준비했으니 같이 먹어요!" 한다면 집안 분위기도 좋아지고 행복을 느끼게 될 것이다. 남편이 아내에게 대하는 방법도 역시 마찬가지다. 짧은 칭찬과 격려는 삶의 피로를 말끔하게 씻어주는 원동력이 된다.

우리가 칭찬을 들었을 때는 미소로 답하는 것이 좋다. 상냥하고 밝은 표정을 지음으로 계속해서 칭찬을 받고 싶다는 정당한 요구를 표현하는 것이 되기 때문이다. 그러므로 우리는 적절하게 잘 반응해야 한다. 반응이 없다면 아무런 효과가 나타나지 않는다.

자신의 존재를 빛내고 싶다면 먼저 상대방을 인정해주고 칭찬해주므로 빛나게 해주어야 한다. 평소에 말을 할 때 아무런 생각 없이 툭툭 던지듯 말하는 사람이 의외로 많다. 하지만 사소해 보이는 말 한마디가 사람의 마음을 마이너스에서 플러스로 만들고 플러스에서 마이너스로 바꾸기도 한다. 그러므로 칭찬도 바르게 하여 상대방이 마음을 활짝 열도록 해야 한다. 사람은 누구나 자신을 알아주는 사람의 말을 잘 따른다. 상대방을 인정해주어야 자신도 인정을 받을 수 있다. 우리가 이 세상에서 성공적인 삶을 살아가려면 남을 먼저 배려해주는 습관이 몸에 배야 한다. 다른 사람이 없는 나는 있을 수 없다는 사실을 알고 남에게 관심과 사랑을 베풀어야 한다.

토머스 홉스Thomas Hobbes는, "마음의 기쁨과 만족은 모두 남을 자기와 비교해 우월감을 갖는 데서 온다"고 하였다. 우리는 누구나 남이 자신을 인정해주기를 바란다. 그러나 자신이 먼저 칭찬으로 대화를 시작하면 상대방도 마음의 문을 열고 귀를 기울이게 될 것이다. 사람에게는 누구나 장점과 개성이 있고 독특한 점이 있다. 그것을 찾아 칭찬해주면 된다. 우리가 칭찬받을 때의 마음을 안다면 다른 사람에게 칭찬해줄 수 있는 따뜻한 마음의 여유를 가질 수 있다. 마음에 여유가 있는 사람은 자신도 행복하게 살고 있다는 것을 아는 사람이다. 얼마나 멋진 사람인가!

직장에서도 상사가 아랫사람에게 툭 하면, "아니! 자네 얼굴이 왜 그 모양이야! 집에 무슨 일이 있는 거야!", "어디 아픈가?", "힘이 없어 보이네!", "자네는 왜 늘 처져 있는 거야!"라고 늘 기분 나쁜 말만 골라서 한다면 그 상사를 좋아할 사람은 없을 것이다. 그러나 반대로 "자네! 오늘 얼굴이 밝아 보이네!", "넥타이가 멋지군!", "자네만 보면 좋은 일이 생길 것 같아!", "오늘도 열심히 일해 보세!"라고 한다면 더 좋은 효과를 나타내게 될 것이다.

남을 칭찬할 줄 아는 사람이 진정한 리더다. 칭찬은 사람들의 마음을 풍요롭게 만들어준다. 《성경》에도 "너희 말을 항상 은혜 가운데서 소금으로 맛을 냄과 같이 하라 그리하면 각 사람에게 마땅히 대답할 것을 알리라"(골로새서 4:6)고 말씀하고 있다. 말을 고르게 하는 것이 중요하다. 언어가 우리의 모든 삶을 표현하기 때문이다. 그러므로 다른 사람에게 말을 부드럽게 하며 이해하는 마음을 넓게 갖는 것이 중요하다.

작은 친절이라 할지라도 우리가 행했다면 우리는 그것을 거둘 때가 있다. 모든 생명체의 시작은 작다. 그러나 그 결과는 엄청나게 크다. 우리는 작은 친절일지라도 작은 칭찬일지라도 우리의 삶을 새롭게 변화시킬 수 있다면 날마다 행해야 한다.

윌리엄 워즈워스William Wordsworth는, "훌륭한 생애의 최고 부분은 친절과 사랑의 작고 이름도 없고 기억되지 않는 행동들이다"라고 하였다. 우리의 삶에 아주 작은 것들이라도 그것이 다른 사람의 삶에 도움이 된다면 우리의 삶은 의미가 있고 행복한 순간들이다. 우리가 노력하며 열심히 살아가야 할 이유가 바로 이 행복한 순간들을 만들기 위해서다. 로버트 슐러Robert Schuller는 '어쨌든'이라는 글로 우리의 삶을 표현하였다.

어쨌든

사람들은 합리적이지도 논리적이지도 않고
매우 자기중심적이다.
어쨌든 그들을 사랑하라.
당신이 선한 일을 하면
사람들은 당신이 배후에 이기적인 동기가 있다고
비난할 것이다.
어쨌든 선한 일을 하라.
당신이 성공적이면 거짓된 친구와
진정한 적들을 알게 될 것이다.

어쨌든 성공하라.

오늘 행한 선한 일이 내일 잊혀질 것이다.

어쨌든 선한 일을 하라.

정직과 솔직함이 당신을 쉽게 상처받게 할 것이다.

어쨌든 정직하고 솔직해라.

미국의 시어도어 루스벨트Theodore Roosevelt 대통령(제26대)은 많은 사람이 그를 사랑했고, 많은 사람이 그의 행적을 칭찬하였다. 그의 밑에서 일했던 제임스 아모스James F. Amos는 자신의 저서 《시종들의 영웅―시어도어 루스벨트》에서 그에 대해 말한다.

"언젠가 나의 아내는 대통령과 메추라기에 대하여 말한 적이 있다. 그때 대통령은 한 번도 메추라기를 본 적이 없는 아내에게 자세하게 설명해주었다. 얼마 후 집에 전화가 걸려왔다. 아내가 받더니 대통령의 전화라고 하였다. 대통령은 우리 집 창문 앞에 메추라기가 있으니 내다보라고 하였다. 이처럼 세밀하게 배려를 해주는 사람이 바로 루스벨트 대통령이다. 우리 집 근처를 지나가다가 우리가 눈에 띄지 않으면 '여보게, 에니!' 혹은 '여보게, 제임스!' 하고 부르는 음성을 들을 수 있었다. 그리고 지나갈 때마다 다정한 인사를 해주었다."

우리도 상대방에게 솔직한 사랑을 보내면 상대방에게 존경을 받고 칭찬받을 수 있다. 우리는 하나님께 칭찬받을 수 있는 삶을 살아가야 한다.

"마부가 마차를 끌고 두부 장수가 두부를 만들고 학생이 책을 읽는 것은 사람이 당연히 할 일이다. 그러나 한 일을 칭찬한다면 우선 이웃집의 두부 장수부터 칭찬해야 하지 않겠는가?"

―후쿠사와福澤諭吉

하나님께서 칭찬하는 3가지

1. 가난한 사람이 물건을 주었을 때 그것을 주인에게 돌려주는 일.
2. 부자로서 남몰래 자기 수입의 10분의 1을 가난한 사람에게 주는 사람.
3. 도시에 살고 있는 독신자로서 죄를 범하지 않는 사람.

칭찬은 소망과 자신감을 심어주며 때로는
기적과 같은 힘을 발휘한다!

Part 02

소중한 기적
칭찬으로 나의 생활에서 기적 맛보기

Chapter 07
칭찬은 희망의 싹을 틔우게 한다

우리가 사용하는 언어 중에 최고로 감동할 수 있는 말은 사랑의 표현과 칭찬이다. 우리가 이것을 안다면 칭찬해야 할 때 칭찬하는 것은 지극히 당연한 일이다. 우리가 상대방과 대화를 나눌 때 상대방의 장점이나 독특한 점을 먼저 칭찬해주면 좋은 효과를 얻을 수 있다.

"참 여유가 있군요."

"참 독특한 분인 것 같습니다."

"소질이 많은 분 같습니다."

"참 매력이 있습니다."

칭찬을 먼저 한 후에 개선할 점을 말해주면 상대방과 새롭게 노력해 보겠다는 생각을 하게 된다. 칭찬은 사람의 마음에서 희망이라는 싹을 틔워준다.

칭찬을 먼저 하는 것은 상대방에게 만족을 주면서 설득도 가능하게 한다. 칭찬은 찬사와 지적과 격려로 나눌 수 있다. 칭찬을 바르게 하려면 먼저 상대방을 존중하고 그의 능력을 인정해주어야 한다. 그러면 상대방에게 충고를 하더라도 훨씬 더 잘 받아들이게 된다.

또한 칭찬을 먼저 하면 사람들을 통솔하기도 쉽다. 칭찬은 자신의 마음을 상대방에게 표현하는 것이다. 우리의 마음은 잠재의식을 표현해준다. 그러므로 다른 사람을 칭찬한다는 것은 우리의 마음속에 있는 감정을 그대로 나타내는 것이다. 우리가 다른 사람을 진실하게 사랑한다면 그의 성공이나 행복과 모든 것을 기뻐해주고 칭찬해주어야 한다. 칭찬은 우리에게 소망과 자신감을 심어주며 때로는 기적 같은 힘을 발휘하게 한다.

칭찬은 대화 속에서 표현된다. 대화의 즐거움은 서로 주고받는 데 있다. 혼자만 말하는 것은 상대방에게 흥미를 주지 못한다. 아래에 즐거운 대화를 나눌 수 있는 방법이 있다.

- 밝은 주제를 가지고 이야기를 나눈다.
- 밝은 표정으로 주고받는다.
- 삶에 도움이 되는 이야기를 나눈다.
- 대화를 나눌 때 활발한 주고받음이 있어야 한다.
- 자기의 의견만 고집하지 않는다.
- 솔직하게 의사 표시를 한다.
- 칭찬할 일이 있으면 기쁜 마음으로 칭찬한다.
- 공감할 수 있는 대화를 나눈다.

상대방이 실수했을 때 화가 난 얼굴로 불을 토하듯이 하고 싶은 말을 다하면 상대방은 실수를 고치기보다는 반감을 사고 그 사람 곁을 떠나고 싶어 할 것이다. 그러므로 먼저 따뜻한 마음으로 감싸주면서 격려한 후에 실수하지 않도록 잘 지적해주어야 한다. 그래야 마음도 상하지 않고 사람도 잃지 않는다.

이 방법은 우리가 약을 먹을 때 쓰디쓴 약이 봉투 속에

들어 있는데 겉표면에는 달콤한 사탕을 씌운 당의정과 같은 효과를 나타나게 한다. 우리의 삶은 맛이 있어야 한다. 우리가 서로 상처를 사랑으로 감싸주지 않으면 마음에 평화와 기쁨이 잘 조화를 이룰 수 없다. 그러나 칭찬은 마음을 따뜻하게 하며 조화를 잘 이룰 수 있도록 한다.

칭찬을 먼저 하는 것은 결코 남을 속이려는 방법이 아니다. 더욱 상대방의 마음이 상하지 않게 잘못을 지적하고 설득해 나가기 위한 방법의 하나다. 무분별하고 억압적인 자세로 상대방의 실수와 잘못을 충고하는 것은 상대방의 자존심을 무참하게 무너뜨리는 것이다. 이렇게 하면 의욕을 상실하고 만다. 칭찬을 먼저 하고 충고와 격려를 아끼지 않는 것이 대화를 능력 있게 이끌어 가는 방법이다.

칭찬은 미쓰하라 유리 光原 百合의 시처럼, 오늘의 삶을 행복하게 살아가게 해준다.

하얀 길

오랫동안 헤매다

마침내 바른길 찾아오면

길은 아무 말 하지 않아

칭찬은 나무람도 짐 될까

"돌아왔니" 한마디조차

다만 지금까지 걸어갈 길

오롯이 하얗게 가리킬 뿐

걸어온 길보다는

지금부터 걸어갈 길이

늘 중요하니까

  우리의 삶은 지금까지 살아온 삶보다 살아갈 삶이 더 중요하다. 그러므로 우리가 그동안 무관심하게 살아왔다면 이제부터 관심을 갖고 남을 배려해주며 칭찬해주는 폭넓은 마음으로 살아가야 한다. 우리의 행동 하나 말 한마디가 얼마나 중요하고 남에게 어떤 영향을 끼치게 되는지 알고 잘 표현해야 한다. 우리의 말이 남에게 상처를 주기보다 희망과 비전을 주며 행복을 주는 말이 되어야 한다.

좋은 인간관계를 맺고 싶은 것은 누구나 원한다. 그 방법은 여러 가지 있지만, 중요한 것은 스스로 노력해야 한다. 대화나 칭찬은 좋은 인간관계를 맺는데 중요다. 따라서 어렵게 말하거나 딱딱한 표현이 되지 않도록 해야 한다. 언어가 부드러울 때 상대방도 부드럽게 다가오기 때문이다.

사람은 누구든지 혼자 살아갈 수 없다. 사람은 존재함으로써 자신의 존재 가치가 있는 것이다. 누군가가 자신을 위하여 칭찬하고 격려해주며 함께할 때 자신이 빛날 수 있다. 이렇듯 사람과 사람 사이의 협력 기초는 즐거운 대화로부터 시작되고, 서로 신뢰함으로 마음에 여유가 있게 된다. 사람들은 자기의 이야기를 잘 들어주고 칭찬해주는 사람을 좋아한다. 이것이 상대방에게 호감을 살 수 있는 좋은 방법이다.

"어느 여자든지 간에 그녀에 대하여 칭찬하는 것이 홀딱 반하게 하는 비결이다."
-도로시 딕스Dorothy Dix

말 한마디의 지혜

1. 친절한 말 한마디는 마음을 편안하게 하고,
   불친절한 말 한마디는 기분을 상하게 한다.
2. 부드러운 말 한마디는 긴장을 풀어주고,
   거친 말 한마디는 마음을 불안하게 만든다.
3. 사랑의 말 한마디는 희망을 주고,
   고압적인 말 한마디는 두려움을 준다.
4. 즐거운 말 한마디는 친구를 만들며,
   실없는 말 한마디는 싸움의 불씨가 된다.
5. 성의 있는 말 한마디는 서로를 믿게 하고,
   불성실한 말 한마디는 불신을 가져온다.
6. 칭찬의 말 한마디는 용기를 갖게 하며,
   비난의 말 한마디는 분노를 일으킨다.

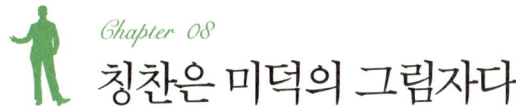

Chapter 08
칭찬은 미덕의 그림자다

칭찬을 할 때는 제대로 해야

한다. 장난처럼 하면 하지 않은 것보다 못하다. 오히려 상대방은 조롱받은 느낌을 받게 된다. 사람들은 남이 조롱하는 것을 제일 싫어한다. 또한 칭찬할 때 제대로 하지 않으면 실수하거나 낭패를 당할 수도 있다. 만약 코트를 입고 있는 사람에게 "당신은 참 멋있습니다. 꼭 영화배우 같습니다. 그러나 나는 코트를 입는 것은 딱 질색입니다"라고 말한다면 상대방이 겉은 기분 좋게 표현할지 몰라도 속마음은 그렇지 않다. 그 이유는 처음에 멋지다고 말한 후 곧 부정적인 말을 했기 때문이다. 자신은 코트를 별로 좋아하지 않더라도 칭찬을 잘해야 한다. "나는 코트 입는 것을 좋아하지 않지만, 당신이 입은 것을 보니까 참 멋지군요. 나도 기회가 있으면 입어보고 싶어집니다." 이렇게 말하면 상대방은 매우 좋아할 것이다. 이처럼 칭찬의 말도 어떻게 하느냐에 따라 상대방의 마음이 달라질 수 있다.

칭찬하려고 마음을 먹었다면 칭찬의 뜻을 제대로 상대방에게 잘 전달해주어야 한다. 누구나 겉치레 인사의 칭찬은 좋아하거나 고마워하지 않는다. 웃음을 모르던 사람이 어쩌다 한 번 마음을 열고 웃을 때 더 큰 즐거움이 있듯이, 칭찬도 상대방에게 특별하게 칭찬해주는 것을 알게 되면 기쁨은 충만해진다. 이런 칭찬 속에서 사람들은 자신의 존재의식을 새롭게 느끼게 된다.

어느 조각 전시회에 가서 조각가에게 "나는 조각에 대해서는 그동안 관심도 없었고 잘 몰랐는데 오늘 전시회를 보니 참 놀라운 예술작품이라는 것을 알았습니다. 저도 앞으로 조각에 대해서 더 많은 관심을 갖고 배우고 싶습니다"라고 말했다면 그 조각가는 마음에 큰 기쁨을 가졌을 것이다. 그리고 그는 다음 작품을 만들 때 칭찬받았던 말을 기억하면서 더 좋은 작품을 만들고 싶어질 것이다. 이렇듯 칭찬은 삶의 모습을 바꾸어 놓는다. 칭찬이 갖는 힘은 다음과 같다.

- 칭찬은 자신의 능력을 키우는 힘을 가지고 있다.
- 칭찬은 다른 사람에게 호감을 보여준다.
- 칭찬은 삶에 감동과 성공을 가져다준다.
- 칭찬은 따뜻한 인간의 감성으로 상대방에게 다가가게 한다.
- 칭찬은 솔직하고 진솔한 마음의 표현이다.
- 칭찬받을수록 용기와 희망을 갖는다.
- 칭찬은 삶에 활력을 불어넣어 준다.

우리는 때로 "저 사람은 칭찬할 것이 없다. 저 사람이 내 눈에 보이는 것도 싫다. 꼴도 보기 싫다!"는 불평을 할 수도 있지만, 그런 사람도 칭찬받을 부분은 있다. 그리고 그 사람도 남에게 칭찬하기도 한다. 까다로운 사람이나 마음에 맞지 않는 사람에게도 마음을 열고 칭찬해야 한다. 그러면 지금까지와는 다른 인간관계가 열리게 된다. 우리는 단

한 사람도 적을 일부러 만들 필요는 없다. 사람들을 친구로 동지로 만들어야 삶을 살아가는데 불편하지 않다. 이 세상에 내가 사랑하는 사람보다 미워하는 사람이 많다면 살맛이 나지 않을 것이다.

우리는 감정을 표현해야 할 때와 억눌러야 할 때가 있다. 객관성을 유지하기 위해서는 감정을 통제하는 것이 중요하다. 특히 분노 같은 격한 감정을 신중하게 표현해야 한다. 아무런 생각 없이 하는 즉각적인 감정 표현은 이성을 흐리게 할 뿐 아니라, 신뢰도를 떨어뜨리므로 자제해야 한다. 칭찬할 것을 찾아서 하는 방법은 다음과 같다.

- 당연한 것을 칭찬한다.
- 작은 변화를 인정하며 칭찬한다.
- 열심히 일한 과정을 칭찬한다.
- 칭찬하는 말을 인사로 사용한다.
- 소속(회사 단체, 임의 그룹)을 칭찬한다.
- 이름을 칭찬한다.
- 살아온 삶을 칭찬한다.

- 결정을 칭찬한다.
- 배려를 칭찬한다.
- 알게 된 모든 것을 칭찬한다.

우리가 살아가는 현실 속에서 꼭 해야 할 것도 제대로 하지 못하는 사람들이 늘어가고 있다. 그러므로 기본을 확실하게 갖추는 사람이 정말 성공의 출발이고 멋진 삶을 살아가는 사람이다. 그런 사람은 칭찬받아 마땅하다.

우리가 스쳐 지나가기 쉬운 것에도 어떤 사람은 나름대로 깊이 생각을 한다. 상대방은 그것을 칭찬받으면 자신이 인정받았다는 사실에 마음이 즐겁고 기뻐한다. 그리고 어떤 일을 진행하면서 결과적으로 실패했어도 "정말 수고했다!", "다시 잘할 수 있어!"라고 칭찬해주면 상대방은 용기를 얻게 된다.

상대방이 소중하게 여기는 것을 자신의 소중함으로 알고 칭찬해주면 그 사람의 마음에 기쁨을 주는 칭찬이 된다. 서로 상대방에게 "자네를 보면 정말 즐거워" 하며 칭찬해주면 그 주변은 밝게 변화되고 살맛나게 될 것이다.

새뮤얼 버틀러Samuel Butler는, "칭찬은 미덕의 그림자에 지나지 않는다"고 하였다. 우리는 모든 면에 최선을 다해야 한다. 칭찬한 후에도 진실한 모습을 보여주어야 한다. 우리가 인간관계를 잘하려면 남을 칭찬하는 데 인색하지 말아야 한다.

그러나 "남의 불행은 꿀맛"이라는 말이 있듯이, 대부분의 사람은 야박하게도 남이 쓰러지거나 넘어지는 것을 좋아하는 경향이 있다. 인간의 본성이 악하기 때문이다. 비겁하다는 것을 잘 알면서도 친구나 동료가 실패하면 마음 한 구석에서 안도의 한숨이 나오는 것을 부정할 수 없다. 그러나 스케일이 큰 삶을 살아가려면 넓은 마음을 가져야 한다. 남이 실수하거나 잘못했을 때는 감싸주고 세워주며, 잘했을 때는 칭찬과 격려를 아낌없이 해주어야 한다. 시냇물에는 큰 물고기가 살지 않는다. 큰 바다에 큰 물고기가 산다. 넓은 마음을 가져야 남을 칭찬할 수 있다.

다른 사람이 성공했을 때 당신의 마음은 어떠한가? 다른 사람의 행복이 당신에게는 고통처럼 느껴지고 있지는 않은지 생각해 보아야 한다. 생존경쟁이 심하고 시시각각으로 마음이 바뀌는 오늘날 중요한 것은 남을 칭찬하지 못하는 사람은 성공하지 못한다. 그 사람의 마음이 삐뚤어졌기 때문에 성공하지 못하는 것이 아니라, 다른 사람의 장점이나 성공을 충분하게 받아들일 마음의 자세가 제대로 되어 있지 않기 때문이다.

남을 칭찬하지 못하는 사람은 콤플렉스를 가지고 있는 경우가 많다. 스스로 자신감이 없어서 남이 성공한 모습을 그대로 받아들이지 못하고 기뻐해주지도 못한다. 자신보다 먼저 멋지게 성공한 친구나 동료에게 아낌없이 칭찬하며 박수를 보낼 것 같지만, 그리 쉽지는 않다. 그러나 자기보다 못한 사람이 조금 성과를 내면 마음 놓고 칭찬을 해줄 수 있다. 왜냐하면 그는 자신을 앞지를 수도 없을뿐더러 비교도 되지 않는다고 생각하는 마음이 잠재적으로 깔려있기 때문이다.

일을 멋지게 해내고 성공하고 싶다면 다른 사람이 잘했을 때 아낌없이 진실한 마음으로 칭찬해주어야 한다. 잘한 사람을 헐뜯는 것은 질투에 지나지 않고 자신에게도 절대 좋지 않다.

어떤 사람이 두 개의 화분에 꽃을 심어 놓고 하나의 화분에는 사랑 표현과 칭찬을 해주고, 다른 화분에는 늘 욕설을 했다고 한다. 그런데 놀랍게도 사랑을 표현하고 칭찬을 해준 화분에 있는 꽃은 잘 자랐고 욕설을 했던 화분의 꽃은 죽더라는 것이다. 화분에 심어 놓은 꽃도 욕설과 칭찬과 사랑을 아는 데 사람은 어떠하겠는가? 관심과 사랑과 칭찬과 격려가 얼마나 중요한지를 알게 해주는 이야기다.

〈베드로전서〉를 보면 이런 말씀이 있다. "마지막으로 말하노니 너희가 다 마음을 같이하여 동정하며 형제를 사랑하며 불쌍히 여기며 겸손하며 악을 악으로, 욕을 욕으로 갚지 말고 도리어 복을 빌라 이를 위하여 너희가 부르심을 받았으니 이는 복을 이어받게 하려 하심이라"(3:8~9) 우리는 남을 칭찬해주고 격려해주는 데 인색하지 말아야 한다. 사람을 얻으면 천하를 얻은 것과 같다고 하였다.

"남자가 자기를 칭찬하는 말을 하면 몇 시간이고 고분고분해진다."
-벤저민 디즈레일리Benjamin Disraeli

칭찬할 때 쓰기 좋은 말

1. "당신은 참 좋은 분입니다."
2. "마음이 참 따뜻한 분입니다."
3. "일을 참 잘하셨습니다."
4. "참 지혜로우십니다."
5. "일을 열정적으로 하는 모습이 아름답습니다."
6. "도와주셔서 감사합니다."
7. "당신이 옆에 있는 것이 힘이 됩니다."
8. "앞으로 하실 일이 기대됩니다."
9. "언제나 열심히 일하는 모습이 부럽습니다."
10. "당신을 만난 것은 참으로 소중한 인연입니다."

Chapter 09
칭찬은 용기와 자신감을 준다

칭찬은 우리에게 용기와 자신감을 준다. 칭찬을 받은 사람은 매사를 열심히 한다. 왜냐하면 또 칭찬받을 것이라는 마음의 확신이 있기 때문이다.

칭찬은 누구나 원한다. 인간관계를 이루어가는 데는 칭찬이 없어서는 안 된다. 일할 때 도와주는 사람, 협조해주는 사람, 관심과 호감을 주는 사람은 다른 사람이 잘했을 때 아낌없이 칭찬을 해주는 사람이다. 우리가 상대방의 가치를 인정하는 것은 그 사람의 장점, 그 사람의 좋은 점, 그 사람의 특이한 점을 그대로 인정하고 받아들이는 것이다.

이것이 상대방과 가까워지는 좋은 방법이다.

그리고 칭찬을 받는 사람은 자신이 지금 관심 받고 있다는 것을 알게 된다. 우리의 삶에서 관심이란 매우 중요하다. 무관심은 비극을 낳고 고통을 낳는다. 그러나 관심은 사랑을 낳는다. 현대 사회의 모든 문제는 무관심에서 비롯된다. 그러므로 우리는 칭찬을 통하여 관심을 잘 표현하여 용기와 자신감을 주어야 한다. 상대방을 인정해주고 칭찬하는 것은 아첨과는 다르다. 사람들은 소용돌이처럼 변화가 심한 현대 사회 속에서 심한 고독과 절망과 소외감을 느낄 때가 많다. 이런 때 관심은 사람들에게 삶을 풍요롭게 만들어주고 용기를 얻게 한다.

우리는 단번에 몇 년씩 살 수 없다. 그러므로 하루하루가 소중한 삶이다. 무엇이든지 한꺼번에 다 하려고 하면 실수하기가 쉽다. 욕심은 도리어 실패와 죄를 짓게 하는 경우가 많다. 칭찬도 한 번에 하나씩 해야 한다. 그러면 우리의 삶은 한층 더 보람되고 아름다워지게 된다. 어느 무명 시인이 이렇게 노래하였다.

이것들은 상상외로 아름답다

고통 뒤에 생기는 유쾌한 약함
비 온 뒤에 생기는 생기 찬 초원
슬픔 뒤에 따라오는 강인한 믿음
그리고 다시 사랑하게 하는 마음

사람들이 마음을 열지 못하는 것은 열등감, 죄악감, 수치심, 불안감, 공포심, 권태, 나태, 무관심, 슬픔, 분노 등 정신적인 것이 원인이다. 거기서 오는 불안감과 자신감의 상실이 삶을 변화시키지 못하도록 좌절하게 한다.

사람들에게는 누구나 두려움이 있다. 상대방이 나를 어떻게 생각할까 고민한다. 그때 상대방은 자신의 모습이나 일에 대해 진실한 칭찬을 받으면 용기와 자신감을 얻게 된다. 대인관계도 잘할 수 있게 되고 일에도 능률이 일어난다. 이렇듯 칭찬은 용기와 자신감을 준다. 따뜻한 칭찬의 말이나 격려의 말이 삶에 변화를 일으킨다. 이 변화가 다음 행동을 하게 하는 힘이 되고 성장하게 한다.

칭찬하는 것이 상대방에게 효과가 있다는 것은 널리 알려졌다. 그러나 그뿐만이 아니라 오히려 칭찬하는 사람에게도 마음에 기쁨과 삶에 활력이 생겨난다. 남을 칭찬해주므로 자신도 성장하는 힘이 생겨나는 것이다. 칭찬이 주위 사람에게 주는 효과는 다음과 같다.

- 남을 성장하게 한다.
- 자신감을 갖게 해준다.
- 의욕을 일으켜 준다.
- 주위를 밝게 해준다.

칭찬은 사람과 사람 사이를 이어주고 사랑하게 한다. 사랑이 부족해서 문제다. 사랑을 제대로만 한다면 우리는 날마다 행복한 삶을 살아갈 수 있다. 〈시편〉 23편의 삶처럼 어떤 상황에서도 하나님을 신뢰하며 하나님이 목자가 되어주시는 주님의 인도하심을 따라가는 삶을 살아가야 한다. 우리는 하나님을 신뢰하며 이웃과 가족과 함께 행복한 언어를 나누며 살아가야 한다. 말 한마디가 사람을 참으로 행복하게 한다. 삶을 행복하게 하는 데는 여러 가지 이유를 달 필요가 없다. 실행해 나가는 것이 더 중요하다.

《성경》에 보면, 달란트의 비유가 나온다(마태복음 25:14~30). 우리의 삶을 달란트에 비유하고 있다. 달란트를 받은 것은 각기 다르다. 한 달란트, 두 달란트, 다섯 달란트를 받은 사람이 있다. 그런데 한 달란트를 받은 사람은 아무런 남김 없는 삶을 살아서 주인에게 "악하고 게으른 종"이라는 꾸중을 듣는다. 그러나 두 달란트와 다섯 달란트를 받은 사람은 최선의 노력을 통하여 남김이 있는 삶을 살았기에 더 큰 복을 받고 주인에게 칭찬을 받았다.

우리가 남을 칭찬하며 살아간다는 것은 남김이 있는 삶을 살아가는 것이다. 칭찬은 사랑과 나눔 속에서 나온다. 내 마음의 진실을 남에게 나누어주는 것이 칭찬이다. 자신의 삶에 최선을 다한 사람이 칭찬받는 것은 당연하다. 우리의 기쁨과 모든 것은 우리의 삶을 어떻게 살아가느냐에 따라 다르게 나타난다. 좋은 생각은 좋은 열매를 맺고, 나쁜 생각은 나쁜 열매를 맺는다. 우리는 습관을 잘 만들어가야 한다. 자신에게 어떤 일이 주어지든지 열과 성의를 다하여야 한다. 모든 것은 자신이 심은 대로 뿌린 대로 거두게 되어 있다.

사람이 범죄하여 교도소에 들어간 것도 평상시의 행동 탓이다. 사람이 병원에 입원하는 것도 때로는 스스로 병을 키우기 때문이다. 우리는 습관적으로 남을 괴롭히는 삶을 살아가기보다는 습관적으로 남에게 선을 베풀고 격려하고 칭찬해주는 삶을 살아가야 한다.

백부장의 이야기도 마찬가지다(마태복음 8:5~13). 그는 예수님께 자기 부하가 중풍병에 걸려 괴로워하니 고쳐달라고 하였다. 그리고 그는 "예수께서 말씀으로만 하옵소서. 그러면 내 하인이 낫겠사옵나이다"고 하였다. 예수님은 백부장의 믿음을 보시고 이만한 믿음을 보지 못하였다고 큰 칭찬을 하셨다. 이렇게 백부장이 예수님께 칭찬받을 수 있었던 것은 그의 믿음 때문만이 아니라, 이웃을 사랑하는 마음이 있었기 때문이다.

"무엇보다도 칭찬은 우리에게 가장 좋은 식사다."
-새뮤얼 스마일스 Samuel Smiles

칭찬이 우리에게 주는 4가지 효과

1. 남을 이해하고 배려하는 마음을 갖게 한다.
2. 다른 사람의 장점, 본받을 점을 보는 안목이 생긴다.
3. 적극적인 인생관을 갖게 해준다.
4. 긍정적인 사고를 갖게 해준다.
5. 마음이 넓어진다.

Chapter 10
사람들을 "멋있다"고 칭찬하라

우리 주변에는 자기 나름대로 독특한 매력을 가지고 살아가는 사람들이 있다. 사람들은 누구나 "멋있다"는 말을 듣고 싶어 한다. 멋있게 살기 위하여 옷도 사고, 헤어스타일도 신경 쓰고, 운동도 하고, 여행도 하고, 취미 생활도 즐긴다. 이처럼 멋지게 보이도록 하는 일에 자신의 열정을 투자함으로 다른 사람이 칭찬해주기를 은근히 바란다.

다른 사람과 친하려면 "멋있다"는 말을 해주는 것이 좋다. 그런 칭찬은 돈이 들지 않지만, 칭찬을 받은 사람은 큰 보답으로 돌려준다. 우리 자신도 기분이 상쾌해질 뿐 아니라, 칭찬받는 사람은 더욱 자신의 외모에 자신감을 갖게 된다. 사람들은 칭찬과 미소에 호응을 잘해준다. 미소는 이기심을 따뜻한 마음으로 바꾸어 놓기 때문이다. 또한 사람들은 진실에 반응을 잘한다. 진실한 마음의 나눔과 성실함은 아무도 모방할 수 없다. 그러므로 성실하고 진실한 마음으로 칭찬해야 한다.

대부분의 사람은 외모에 대한 자신감이 없어 부담감을 가지고 살아간다. 그러므로 외모에 대한 칭찬을 해주면 마음이 따뜻해진다. 사람들은 "멋있다"는 칭찬 한마디를 듣고 싶어서 조깅도 하고 운동을 하며 미용실에 가고 옷도 사고 다이어트도 한다. "멋있다"는 말을 해주면 그 사람은 그 말과 그 말을 해준 사람을 며칠 몇 주일씩 기억하게 된다.

나 자신은 물론 모든 사람은 "멋있다"는 칭찬의 말을 듣고 싶어 한다. 말을 알아듣는 아이로부터 할아버지 할머니까지 모두 마찬가지다. 누구나 다 칭찬을 듣고 싶어 하고 남의 눈에 띄고 싶어 한다. 아이들은 새 옷이나 새 신을 신으면 "예쁘다"는 말을 듣고 싶어 한다. 노인들이 넥타이나 옷에 신경을 쓰는 것도 멋있게 보이고 싶고 남이 칭찬해주기를 은근히 바라기 때문이다.

스타일이 훌륭한 여성이 있다면 친근감을 표시하기 위해 몇 마디의 찬사가 필요하다. "멋진 옷입니다. 패션 감각이 뛰어나군요. 어느 회사 제품인가요? 가격이 비싸겠죠? 체격에 아주 멋지게 어울립니다. 모델 이상으로 아름답습니다." 젊고 아름다운 여성에게 이 정도의 찬사는 최상급이다. 이 말에 당연히 상대방이 감격하리라 생각할 수 있다. 그런데 결과가 그렇지 않을 때가 있다. "여보세요, 지금 저를 놀리는 거예요?"라고 갑자기 토라져서 쏘아볼 수도 있다. 그러므로 상황에 맞게 지혜롭게 하는 것이 좋다. 여성을 칭찬할 때 쓰면 좋은 말을 기억해 두자.

- "마음씨가 참 곱군요."
- "분위기가 참 우아하고 멋있습니다."
- "미소가 참 밝습니다."
- "미모가 뛰어나게 아름답습니다."
- "머리 모양이 세련미가 넘칩니다."
- "맡겨진 일을 잘하시는 모습이 보기에 좋습니다."

- "목소리가 아름답습니다."
- "재치가 넘치네요."
- "유머 감각이 풍부하네요."

칭찬은 사람을 움직이게 하는 힘이 있다. 용기를 갖게 해주고 재능을 더욱 발휘하게 하는 자극제로써 작용한다. 그러나 칭찬하는 언어가 지나치게 최상으로 흐르거나 구체적으로 지적되면 역효과를 낳을 수 있다. 상대방이 그 말을 의심하게 되고 꾸며진 말로 오해하기 쉽다. 따라서 칭찬이나 찬사, 특히 여성을 대상으로 하는 칭찬은 되도록 짧을수록 좋다. "당신은 참 개성적이군요. 맵시가 돋보입니다." 이 정도의 칭찬으로 끝나는 것이 좋다.

개성적이라는 말은 다양한 의미가 있기 때문에 순수하게 받아들인다. 사람들은 누구나 독특한 개성을 가지고 있다. 그 독특한 개성을 칭찬해주면 사람들은 좋아한다. 칭찬을 멋있게 잘하는 방법은 상대방이 칭찬받고 싶어 하는 것이 무엇인지를 잘 알고 칭찬해주는 것이다. 그러면 놀라운 효과가 나타난다.

때론 여성에게 칭찬의 말을 아무런 의미 없이 던졌는데,

좋은 반응을 얻게 되는 일도 있다. 그것은 남과 독립된 자기를 인정받고 싶어 하는 여성 특유의 심리가 있기 때문이다. 꼭 여성이 아니더라도 칭찬의 말이 너무 장황하게 꾸며지거나 세밀하면 무슨 저의가 있는 것처럼 오해받기 쉽다. 속담에 "아저씨, 아저씨 하면서 등짐 지운다"는 말이 있듯이, 어떤 목적이 있어서 칭찬을 늘어놓는 것처럼 느껴지기 때문이다.

그리고 여성은 추상적으로 부드럽게 칭찬을 하면 부드러워진다. 조지 엘리엇 George Eliot은, "우리는 우리를 위해서 무엇을 해주는 사람보다 우리와 같이 느끼는 사람을 원한다"고 하였다. 생활에서 공감하고 느끼는 것들로 서로에게 "멋있다"는 칭찬을 하면 있는 곳이 밝아지고 아름답게 변할 것이다.

"무가치한 칭찬은 가면을 쓴 풍자다."
-헨리 브로드허스트 Henry Broadhurst

"멋있다"고 칭찬하는 방법

1. 외모를 칭찬한다.
2. 의상을 칭찬한다.
3. 헤어스타일을 칭찬한다.
4. 끼고 있는 반지를 칭찬한다.
5. 신고 있는 구두를 칭찬한다.
6. 성격을 칭찬한다.
7. 독특한 스타일을 칭찬한다.
8. 목소리를 칭찬한다.
9. 행동하는 모습을 칭찬한다.
10. 일하는 모습을 칭찬한다.

Chapter 11
상대방의 성공을 칭찬하라

우리는 자기만의 울타리 속에 있어서는 안 된다. 자신의 성공을 위하여 살아가는 것도 중요하지만, 다른 사람이 성공했을 때 진실한 마음으로 칭찬해주어야 한다. 남을 배려할 줄 모르는 사람은 성공을 해도 이기적인 성공밖에 되지 않는다.

우리는 인간미 있게 살아가야 한다. 아무리 분주하고 바쁘다고 하여도 감성이 살아 있어야 한다. 우리가 순수함을 잃어버리면 스스로 자신의 마음이라는 감옥에 갇히게 된다. 이 마음의 감옥에서 우리는 벗어나야 한다.

사람이 무언가 성취하고자 하는 가장 큰 이유는 다른 사람에게 인정받고 싶어 하기 때문이다. 사람들은 누구나 자기가 한 일에 대하여 관심과 칭찬을 받고 싶어 한다. 그러므로 열심히 일해 새로운 고객을 얻게 된 세일즈맨에게는 그 성과에 대해서 인정해주어야 한다. 세상에는 여러 가지 크기의 성공이 있다. 이 성공을 거두었을 때 칭찬과 격려를 해주어야 한다. 성공하기까지 온갖 고통과 시련을 이겨냈기 때문이다. 이 세상에 가치 없는 성공은 하나도 없다. 그러므로 성공한 사람들에게 아낌없는 칭찬과 격려의 박수를 보내주어야 한다. 성공하는 사람들은 성공하기 위한 조건을 만들어가기 때문이다.

우리는 실패를 통하여 배우면서 미래를 향해 나간다. 실패를 단지 참고 보아줄 뿐만 아니라, 그 실패를 감싸 안을 줄 알아야 한다. 우리는 이기기 위하여 열정을 다하여 뛰고 또 뛴다. 그러므로 우리가 진실을 발견하는 것은 끝나지 않은 여행이다. 우리는 다른 사람의 성공을 진실한 마음으로 칭찬해주어야 한다. 사람들은 칭찬에 민감하다. 그러므로 칭찬을 해주면 칭찬받는 사람과 함께 시선을 끌게 되고 더욱 나은 인간관계를 유지할 수 있게 된다.

우리는 칭찬을 통하여 매일 새롭고 신선한 삶을 경험해야 한다. 다른 사람을 진정한 이웃으로 느껴야 한다. 다른 사람을 존중하며 칭찬해주어야 한다. 통제할 수 없이 모든 것이 빠르게 변화되어 가는 세상에서 사람들은 친밀감을 갈망하고 있다. 칭찬은 친밀감을 강하게 느끼게 해주는 희망의 언어 표현이다. 우리의 두 발과 두 손으로 사랑을 찾고 나누며 우리의 입으로 진실한 칭찬과 격려를 아끼지 말아야 한다.

오늘날은 그 사람이 가지고 있는 지식이나 기능, 경험 등 보유능력만을 원하지는 않는다. 학력만으로 60세까지 월급을 받는 시대는 지났다. 이제 우리에게는 "이 분야에서 나는 어느 누구에게도 뒤지지 않는다!"라고 말할 수 있을 만큼 자기 분야에 최고의 전문지식과 경험과 실전 능력이 필요하다. 그러므로 성공한 사람들에게 칭찬과 격려는 그들의 노력에 환호를 보내는 것이다.

후나이 유키오船井幸雄는 이런 사람이 성공의 조건을 가진 사람이라고 말한다.

- 어떤 일이든지 긍정적이고 플러스 발상을 가진 사람.
- 지금 상태에서 전력투구하는 사람.
- 양심의 소리를 들을 줄 아는 사람.
- 지난 일에 집착하지 않는 사람.
- 가슴이 두근거리고 흥분되는 새로운 일을 하는 사람.
- 고정관념을 버리는 사람.
- 나는 강하다고 믿는 사람.

시카고의 이안 그룹 회장인 윌리엄 클레멘트 스톤William Clement Stone은 매일 아침 직원들에게 이렇게 외치게 했다고 한다.

"나는 오늘 기분이 좋다!"

"나는 오늘 건강하다!"

"나는 오늘 멋있다!"

클레멘트는 확신이 담긴 이 세 문장의 말로 수십만 명의 영업사원을 훈련하여 회사를 대그룹으로 만들었다. 이처럼 칭찬과 격려는 무한한 힘이 있다.

칭찬과 격려는 탁월한 동기부여 수단이다. 등을 툭툭 치는 것과 같은 격려는 상대방에게 "당신은 매우 중요한 사람입니다. 계속해서 잘해주시기 바랍니다"라는 말을 전하는 것이다. 그러므로 잘하는 일이 있으면 그 일을 주의 깊게 지켜보고 칭찬해주어야 한다. 만나서 하든지 전화를 걸어서 하든지, 아니면 메일을 보내든지 어떤 방법으로든지 표현해야 한다. 다른 사람의 성공을 진심으로 칭찬해주고 축하해주어야 한다. 그러면 상대방은 깊은 감사를 느끼게 되며 결국 우리는 그 사람에게 더욱 큰 영향력을 갖게 된다.

탈무드에 '자신을 칭찬하는 이유'라는 이야기가 있다. 어떤 유명한 학자가 이웃 마을 사람들로부터 지도자가 되어달라는 부탁을 받았다. 그는 마을에 도착한 뒤 숙소에서 몇 시간이 지나도 나오지 않았다. 새 지도자를 맞이하기 위한 환영회 시간이 임박하자 마을 대표가 방으로 들어갔다. 문을 열자, 방안을 서성거리며 무언가 큰소리를 외치는 학자의 모습이 보였다.

"그대는 훌륭하다! 그대는 천재다! 그대는 생애 최고의 지도자다!"

학자는 이렇게 큰소리로 자기 자신에게 외치고 있었다. 마을 대표는 그에게 왜 그런 기묘한 행동을 하는지 물었다.

그가 대답하였다.

"당신들은 오늘 밤 최고의 말로 나를 칭찬할 것이오. 나는 내가 겉치레 칭찬에 매우 약하다는 사실을 알고 있소. 그래서 그 말에 익숙해지려고 연습하는 거라오. 게다가 누구든지 자기 자신을 칭찬하는 것은 우스꽝스러운 일이라는 걸 알고 있지요. 그러니 지금 내가 한 말과 비슷한 말을 오늘 밤에 듣게 되면 적어도 조금은 겸손하게 처신할 수 있게 될 것 아니겠소?"

영국 속담에 "머리를 너무 높이 들지 마라. 모든 입구는 낮은 법이다"라는 말이 있듯이, 칭찬을 받는다고 해서 머리를 높이 들면 〈잠언〉의 말씀처럼 넘어질 수 있으므로 초심을 지켜야 한다(16:18).

"사냥꾼은 개로 토끼를 잡고 아첨꾼은 칭찬으로 어리석은 자를 잡는다."
―소크라테스Socrates

다른 사람에게 존경받는 지혜

1. 처음 만난 사람의 이름을 잘 기억한다.
2. 상대방이 긴장하지 않도록 꾸밈이 없어야 한다.
3. 화를 내기보다는 관용을 베풀어야 한다.
4. 이기심과 거만함을 버려야 한다.
5. 옹졸한 성격은 고쳐야 한다.
6. 상대방의 사소한 일에도 관심을 가져야 한다.
7. 모든 사람을 진심으로 사랑해야 한다.
8. 친구가 성공할 때에는 진심으로 축하해주고, 슬퍼할 때에는 진심으로 격려해주어야 한다.
9. 사람들이 희망을 갖고 살도록 도움을 주라.
10. 상대방의 고민을 같이 고민하는 마음이 있어야 한다.

Chapter 12
상대방의 아이디어를 칭찬하라

우리 주변에서 아이디어를 잘 만들어내는 사람들을 보면 부럽다. 때로는 멋있어 보인다. 새로운 아이디어는 언제나 변화를 일으킨다. 이렇게 하려고 그 사람은 많은 시간을 할애하고 노력했을 것이다. 그 모습을 우리는 기꺼이 칭찬해주어야 한다.

우리는 직장생활, 가정생활, 학교생활, 사회생활을 하면서 간혹 '나는 별로 똑똑하지 않아! 사람들은 내가 멍청하다고 생각할지도 몰라!'라는 생각을 할 수도 있다. 불행한 일이라고 생각할지 모르지만, 이것은 현실이다. 이런 생각

때문에 사람들은 자기 자신을 제대로 표현하지 못하고 의견을 말하지 못하며 발표도 못 해 승진하지 못하는 경우가 많다. 하지만 더 큰 성공으로 나아가려면 가능한 한 많은 제안과 아이디어가 필요하다는 점을 알아야 한다. 세상의 모든 새로운 변화는 사람들의 아이디어를 통해서 이루어질 때가 많다. 그러므로 좋은 아이디어가 나와야 한다. 좋은 아이디어를 만드는 사람에게 진실한 마음으로 칭찬하고 용기를 북돋아 주어야 한다.

오늘 이 시대는 좋은 아이디어가 많이 필요한 시대다. 이 시대를 아이디어 시대라고 말해도 과언이 아니다. 좋은 아이디어가 경제를 변화하게 하고 삶에도 새로운 변화를 가져다준다.

다른 사람의 지적 능력을 잘 활용하려면 기회가 있을 때마다 그 사람을 칭찬해주어야 한다. 상대방의 잘한 점을 칭찬해주고 아이디어를 칭찬해주면 그 말이 사람들을 이끄는 힘이 되게 한다. 상대방의 자존심을 높여주는 칭찬을 해주면 지적 능력이 더하여지고 기발한 아이디어를 얻을 수도 있다. 칭찬은 힘이다. 칭찬은 능력이다. 칭찬은 기쁨이다. 칭찬은 행복이다.

사람들이 '나는 머리가 좋아, 나는 아이디어도 풍부해, 나는 능력도 있어!'라는 생각을 하는 것은 그리 쉬운 일이 아니다. 그러므로 모든 사람이 목말라하는 지적 인정의 욕구를 충족하게 해주어야 한다. 우리는 남에게 인정받을 때 더 행복해진다.

우리는 상대방을 무시하거나 아이디어를 죽이는 발언을 해서는 안 된다. 다른 사람의 아이디어에 피해를 주는 말은 다음과 같다.

- "그건 절대로 안 될걸."
- "그건 전에도 해본 아이디어인데, 그때도 안됐는데 지금이라고 되겠어?"
- "도대체 무슨 생각을 하고 있는 거야?"
- "정말 말도 안 되는 생각이군."
- "내 생각은 그렇지 않은데."
- "장점보다도 단점이 많은 생각이야!"
- "내가 들어본 중에서 제일 바보 같은 생각이네!"
- "웃기지마!"

- "여기가 달나라인 줄 알고 있나?"

  새로운 변화와 새로운 아이디어를 만들어가기 위해서는 수많은 실패를 경험해야 한다. 산을 오르는 등반가도 여러 번 실패한 후에 성공한다. 그들은 성공한 후의 기쁨을 알기에 실패 속에서도 날마다 도전해 나간다. 그러므로 그들이 이루어 놓은 일에 박수와 칭찬해주는 것은 참으로 행복한 일이다.

  메리 픽포드 Mary Pickford가 이런 말을 했다. "실수를 저질렀다고 해도 또 다른 기회는 반드시 있다. 노력했지만 실패만 거듭했다고 치자. 누구나 원하는 바로 그때 새롭게 시작할 수 있다. 우리가 '실패'라고 부르는 것은 추락을 뜻하는 것이 아니다. 그것은 추락한 상태에서 머물러 있는 것을 뜻한다." 비벌리 실스 Beverly Sills도 "실패를 한다면 실망하겠지만, 시도조차 하지 않는다면 그것은 불운한 것이다"라고 하였다.

  우리는 남이 잘한 것에 대해서 분명하게 마음의 표현을 할 줄 알아야 한다. 그렇지 않으면 우리의 마음은 악과 시기와 질투와 분노로 점점 가득 차게 된다. 어떤 사람이 사랑하는 사람에게 편지를 보냈는데, 편지를 뜯어보니 하얀 백지에 사람 인자가 다섯 개 나란히 쓰여 있었다. 그는 뜻을 곰곰이 생각하다가 이렇게 풀이했다고 한다. "사람이면 다 사람이냐, 사람다운 사람이라야 사람이지."

현대 사회를 인간 부재의 사회라고도 한다. 우리는 사람다운 사람을 만나보았는지 한번 생각해 보자. 마음과 마음을 나눌 수 있는 사람, 사랑과 진실을 이야기할 수 있는 사람, 칭찬과 격려를 해줄 수 있는 사람, 그런 사람이 우리가 되어야 한다.

"그대의 개성을 솔직하게 말해주는 자를 칭찬하는 데 인색하지 마라."

-프랜시스 퀄스 Francis Quarles

다른 사람을 칭찬해주면

1. 성격이 쾌활하고 명랑해진다.
2. 얼굴 표정이 밝아지고 생동감이 돈다.
3. 모든 일에 자신감이 생겨난다.
4. 주변 사람과 인간관계가 매우 좋아진다.
5. 날마다 즐겁게 일할 수 있다.
6. 매사에 적극적으로 열정을 쏟을 수 있다.
7. 내일을 더욱더 화창하게 만들어갈 수 있다.

부드러운 칭찬의 말은 새벽하늘에
빛나는 별들처럼 언제까지나 기억에 남는다.

Part 03

세련된 마술사
칭찬으로 주변 사람의 사고를 변화시키기

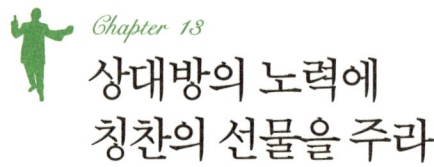

Chapter 13
상대방의 노력에 칭찬의 선물을 주라

우리가 노력한 사람에게 칭찬 해주는 것은 지극히 당연한 일이다. 이런 칭찬은 사람들에게 일할 맛을 나게 하고 세상을 밝게 한다. 사람들은 자기가 한 일에 칭찬받으면 의욕이 생기게 된다. 자신의 일에 최선을 다하는 사람은 삶을 아름답게 살아가는 사람이다.

우리가 성공을 향하여 나아가다가 실패하는 것은 지극히 일반적인 현상이다. 이 세상에서 성공한 사람들 중에 실패를 단 한 번도 하지 않은 사람은 없다. 성공은 실패 속에서 꽃 피우고 실패를 먹고 성장한다. 때로는 비록 결과가 좋지 않더라도 노력한 것에는 진지하게 칭찬을 해주어야 한다. 비록 실수가 있더라도 비웃고 야단만 칠 것이 아니라, 이해해주고 격려해주어야 한다.

우리가 성공하려면 랠프 월도 에머슨의 말을 기억해야 한다. "우울한 그림을 벽에 걸지 마라. 한탄하고 슬퍼하지 마라. 부정적인 주제를 무시하고 긍정적인 명제로 끊임없이 마음을 독려하라." 누구든지 성공하기 위하여 노력하는 데는 여러 가지 어려움이 따른다. 남에게 인정을 받으려면 그만큼 힘과 열정을 쏟아야 한다. 시드니 해리스 Sydney J. Harris는, "성공적인 생활 기술이란 아무리 긴장감이 감돈다 하더라도 동시에 두 가지 상반되는 의견을 감수할 줄 아는 것을 의미한다. 그것은 첫째로 영원히 살 것처럼 장기적인 계획을 세우는 것이요, 둘째는 날마다 내일 죽을 것처럼 행동하는 것이다"고 하였다. 자신의 삶을 수단과 방법으로가 아닌 땀 흘리는 노력으로 승부수를 거는 사람이 있다면 우리는 아낌없이 칭찬과 박수를 보내야 한다.

우리는 이런 원리를 알아야 한다. 내가 상대방을 싫어하면 상대방도 나를 싫어하고, 내가 상대방을 좋아하면 상대방도 나를 좋아한다. 내가 웃는 얼굴로 대하면 상대방도 웃는 얼굴로 대한다. 내가 진지하게 말하면 상대방도 진지하게 들어준다. 우리가 다른 사람의 노력을 칭찬해주면 다른 사람도 우리를 칭찬해준다.

시어도어 루스벨트는, "진실로 위대한 사람은 비판하는 사람이 아닙니다. 진실로 위대한 사람은 낙선한 이유를 분석하는 사람도 아니며 '이렇게 했으면 나았을 것이다'라고 말하는 사람도 아닙니다. 인정을 받아야 할 사람은 격투장에 나서서 얼굴이 먼지와 땀과 피로 범벅이 되어도 용감하게 노력하며 그 과정에서 무수히 실수하고 실패하는 사람입니다. 커다란 의욕도 알고 헌신도 알며 가치 있는 일에 몸을 바칠 줄 알고 마지막에 찾아오는 커다란 성공의 기쁨도 아는 사람이야말로 진정으로 위대한 사람입니다. 최악의 상황에서도 용감하게 노력하다 실패하는 바로 그런 사람이 위대한 사람입니다. 이처럼 위대한 사람은 승리도 패배도 모르는 차갑고 소심한 마음을 가진 자들과 함께하지 않을 것입니다"라고 하였다. 자신의 일을 이루기 위하여 노력하는 사람은 용기가 있는 사람이다.

"최상급의 용기는 분별력이다."
　　　　　　　　　　　－윌리엄 셰익스피어

"용기가 있는 곳에는 희망이 있다."
　　　　　　　　－푸블리우스 코르넬리우스 타키투스 Publius Cornelius Tacitus

"용기는 당면한 문제를 해결하는 데 있다."
　　　　　　　　　　　－랠프 월도 에머슨

"절제 없는 용기는 나쁜 데로 커진다."
　　　　　　　　　　　－랠프 월도 에머슨

　사람들이 실패하여 실의에 빠져 있을 때 우리가 어떻게 대하느냐에 따라 그 사람이 실의를 극복할 수도 있고 그렇지 않을 수도 있다. 그 사람이 다시 일어나 어떤 목표를 향해 달려갈 수 있도록 우리는 격려해주어야 한다. 왜냐하면 행복은 소유하는 것에만 있지 않고 행동 속에 있기 때문이다. 이것은 사실이다. 우리는 돈으로만 행복할 수 없다. 부동산이나 자동차와 같은 물질적인 소유물에서 그 행복을 얻을 수 없다. 가족이 있어 그 가족의 생활양식에 대한 갈망에서 동기를 부여받아 일하는 과정에서 우리는 행복을 얻는다. 따라서 이 사실을 인식한다면 더 높은 목표들을 달성하기 위한 의욕을 얻도록 계속해서 행동의 기준을 높여야 한다. 이때 그 목표들에는 자신이 소망하는 소유물들이 들어 있어야 한다. 애플 컴퓨터의 회장이었던 존 스컬리 John Sculley도, "성공은 목적이 아니라, 과정이다. 그 과정이 즐거워야 한다"라고 하였다.

발명가로 유명한 토머스 앨바 에디슨 Thomas Alva Edison은 매우 근면하였는데, 그는 항상 이런 마음으로 발명에 임했다. "사회에 필요한 발명품을 내놓았을 때 사회가 이 발명품을 거들떠보지 않는다는 일은 있을 수 없다." 에디슨은 발명에 의해서 생긴 수입금을 또 다른 발명을 위해 투자했다. 그는 좋은 아이디어가 떠오르면 실패해도 전력을 다하여 연구하였고, 하루에 20시간씩 일하기까지 했다. 어떤 때는 60시간 내내 연구에 몰두하기도 했다. 그리고 일을 완성한 후에는 장시간 수면을 취하여 피로를 회복하였다. 그는 한 잡지 기자와 인터뷰에서 이런 말을 했다. "매일 18시간씩 한눈팔지 않고 한 목적을 위하여 일한다면 그 사람은 반드시 인생 성업의 월계관을 차지할 수 있을 것입니다."

이 땅에서 성공을 만들어가며 노력하는 사람은 너무나

소중하다. 그러므로 그들의 삶에 격려하고 칭찬을 보내는 것은 당연하다. 그들을 격려하고 칭찬할 때 다른 사람도 그들의 삶을 바라보며 자신의 삶을 어떻게 살아야 하는지 동기를 부여받을 수 있다.

시도는 했지만 실패했을 때는 그 사람에게 격려를 보내는 습관을 들이도록 해야 한다. 이것은 현명한 일이다. 격려를 받은 사람은 그 말을 기억하고 감사하며 어떤 식으로든지 보답하려고 할 것이다. 실패했을 때 칭찬과 격려를 보내는 것은 은행에 돈을 맡기는 것만큼이나 확실한 투자다. 다른 사람의 노력을 칭찬해줄 수 있는 사람은 리더가 될 수 있는 사람이다.

"한없는 친절은 가장 위대한 선물이다. 그리고 진정한 의미에서 위대한 모든 사람이 할 수 있는 일이다."
-존 러스킨 John Ruskin

삶에 의욕을 주는 칭찬의 방법

1. 작은 일이라도 그냥 지나치지 말고 칭찬한다.
2. 겉으로 드러나지 않은 숨은 노력을 칭찬한다.
3. 자주 칭찬하여 자신감을 갖도록 한다.
4. 실패한 사람, 실의에 빠진 사람에게 칭찬하여 의욕과 자신감을 회복시켜준다.
5. 많은 사람 앞에서 칭찬한다.
6. 더욱 노력해줄 것을 기대하고 칭찬한다.
7. 좋은 일은 다른 사람의 입을 통해 칭찬한다.
8. 칭찬할 점을 정확하게 칭찬하되 고쳐야 할 점이 있으면 가볍게 암시해준다.
9. 아랫사람의 위치가 중요함을 깨닫게 한다.
10. 함께 기뻐하는 마음으로 칭찬한다.

Chapter 14
칭찬과 아첨과 꾸짖음은 다르다

우리는 때로 자신이 하고자 하는 일에 온 열정을 쏟아 붓는다. 자신의 일에만 관심을 갖고 살아간다. 남을 생각할 여지도 없이 바쁘게 살아갈 때가 많다. 그러나 남에게도 관심이 있어야 한다. 이 세상은 혼자 살아가는 세상이 아니다. 남의 장점을 잘 알게 되면 기분이 좋아진다. 그리고 그에게 칭찬해주고 격려해주고 싶은 마음이 생긴다.

진실한 사람은 가치 없는 아첨의 말을 하지 않는다. 에머슨은, "어떤 사람이라도 나보다 어느 면에서는 뛰어나다.

내가 배울 점을 가지고 있다"고 하였다. 이것을 인정하고 우리는 남의 장점을 형식적으로 칭찬하지 말고 진심으로 칭찬해야 한다. 그러면 칭찬을 들은 상대방도 그 칭찬을 마음속 깊이 간직하고 잊지 않게 된다. 때로는 칭찬 한마디가 삶을 포기할 정도의 좌절의 늪에서도 빠져나올 수 있는 힘을 갖게 한다.

칭찬과 아첨은 확실하게 다르다. 칭찬은 진실에서 시작하지만, 아첨은 진실이 아니다. 칭찬은 마음속에서 나오지만, 아첨은 세 치 혓바닥 끝에서 나오는 것에 지나지 않다. 칭찬은 마음을 주지만, 아첨은 이기적이다. 칭찬은 누구나 좋아하지만, 아첨은 누구나 싫어한다. 아첨은 분별 있는 사람들에게는 통하지 않는다.

아첨이란 천박하고 무성의한 것이다. 아첨은 당연히 통하지 말아야 한다. 영국의 왕 조지 5세 George V는, "값싼 칭찬은 이를 주지도 말 것이며, 받는 일도 없도록 하라"고 하였다. 아첨은 바로 값싼 칭찬이다. 멕시코의 위대한 영웅이었던 알바로 오브레곤 Alvaro Obregon의 흉상 아래에는 이런 글이 쓰여 있다. "적을 두려워할 필요는 없다. 달콤한 말을 지껄이는 친구를 조심하라." 달콤한 말은 듣기에는 좋아도 우리의 삶에는 아무런 도움이 되지 않는다.

 칭찬과 꾸짖음에는 시기가 중요하다. "쇠뿔도 단김에 빼라. 쇠는 뜨거울 때 쳐라"는 말이 있다. 여기 '쳐라'는 말을 꾸짖는 것으로 연상하기 쉽다. 그러나 꾸짖음은 상대방이 귀를 기울여 듣지 않으면 아무런 소용이 없다. 그러므로 꾸짖는 것은 뜨거울 때보다는 조금 식은 뒤에 하는 것이 좋다. 그리고 잘못한 사람이 스스로 깨달았을 때에는 꾸짖기보다는 칭찬하는 것이 좋다. 또한 충고하는 사람이 확실하게 문제를 파악하지 못했다면 꾸짖지 않는 것이 바람직하다. 꾸짖을 때는 상대방이 지나치게 긴장하지 않도록 "이야기하고 싶은 것이 있는데 시간 좀 내주겠습니까?" 하며 미리 마음을 준비하게 하는 것이 중요하다. 상대방을 함부로 대하거나 준비 없이 꾸짖는다면 "쥐도 궁지에 몰리면 달려든다"는 말처럼, 상대방도 마음이 좋지 않을 것이다.

 상대방을 꾸짖을 때 어떤 방식으로 말해야 하는지를 알면 더 큰 효과를 나타낸다. 상대방과의 평상시 인간관계, 상대방의 능력, 그때의 상황 등에 의해서 어떤 말로 어떤 표현으로 꾸짖을 것인가를 생각해야 한다. 화가 치밀어 오른 상태에서 꾸짖으면 좋은 결과를 얻지 못한다. 그러므로 아래의 꾸짖을 때 쓰는 말을 익혀보자.

- "자네답지 않군!"
- "자네도 알고 있을 것으로 생각했는데…."
- "잘못했다고 생각되면 잠자코 있는 것이 좋아."
- "어떻게 된 거야?"
- "자네는 젊은 사람들의 본이 돼야 해!"
- "지금까지 자네는 열심히 해왔어! 그러나 이번 일은 그렇지 않아!"
- "자네는 그 결점만 고치면 아주 좋겠는데 말이야!"
- "오늘은 좀 심한 말 좀 하겠네!"
- "똑같은 실수를 반복하는 것은 안 돼!"
- "실수는 누구나 할 수 있는 것일세! 중요한 문제는 다음에 어떻게 대처하느냐 일세!"
- "자네는 여러 차례 욕을 얻어먹고도 억울하지 않나?"
- "나도 자네에게 싫은 소리를 하고 싶지 않다네!"
- "작년과 비교할 때 올해는 너무하지 않나?"
- "자네를 심하게 꾸짖는 것은 실은…."
- "자기 일은 자기가 모르는 법일세!"

꾸짖는 방법 말고도 자연스럽게 대화를 나누면서 말하는 것도 좋은 방법의 하나다. 그리고 꾸짖은 뒤에는 칭찬과 격려를 해주어야 한다. 상대방에게 꾸짖고자만 하는 것이 아니라는 사실을 인식하게 하는 것이 대화의 한 방법이다.

대화할 때 상대방의 입장에서 이해하는 것이 좋다. 상대방의 입장에서 자신이 서 있는 모습을 생각해 보아야 한다. 즉, 그들의 위치에서 자신의 말을 귀 기울여 보는 것이다. 이렇게 다른 사람의 마음을 이해하면 상대방에게 자신의 마음을 전하기가 훨씬 더 쉬워진다. 그러므로 상대의 입장을 고려해야 한다. 상대방에게 도움이 되고 받아들이기 쉽게 해주어야 한다. 다른 사람의 관점에서 이해하려고 노력해야 한다.

우리에게 있어서 부정적인 감정은 에너지를 더 소모하게 한다. 물론 그런 감정이 자기를 지켜나가기 위해서나 잘못된 것에 맞서기 위해 꼭 필요할 때가 있다. 그러나 우리는 그런 감정을 언제 표현할지를 잘 결정해야 한다. 대부분의 사람은 매사에 부정적인 사람을 싫어한다. 그러므로 자신의 감정을 통제할 줄 알아야 한다. 자신의 마음에서 어떤 소리가 들리는지를 알아야 한다. 부정적인 말이 나오지 않도록 자신을 훈련하는 것도 좋다. 아래와 같이 긍정적인 말을 연습해 보자.

"나는 …… 할 것이다!"
"나는 …… 할 수 있다!"
"나는 …… 하고 만다!"
"나는 …… 해낼 수 있다!"
"나는 …… 이다!"

우리는 자신을 긍정적으로 보아야 한다. 그래야만 남을 부정적으로 바라보지 않고 함부로 꾸짖지 않게 된다. 자신을 긍정적으로 바라보는 사람이 남도 긍정적으로 바라보고 남을 칭찬할 수 있다.

"친절과 우정은 사람을 자유롭게 하고 그 자유를 보존케 하여 책망을 듣지 않도록 한다."
-제롬 클랩카 제롬 Jerome Klapka Jerome

칭찬과 꾸짖음의 방법

1. 칭찬할 일이 생기면 바로 칭찬한다.
2. 꾸짖는 것은 상황을 보아가며 천천히 한다.
3. 원인이나 사실을 안 후에 꾸짖는다.
4. 긴급성이 있을 때에는 즉시 꾸짖는다.
5. 스스로 알아차릴 시간을 준다.
6. 스스로 알아차릴 힌트를 준다.
7. 받아들이는 자세를 취할 수 있도록 예고한다.
8. 상대방이 도망칠 곳을 열어두고 꾸짖는다.
9. 칭찬하는 것과 꾸짖는 것이 서로 관계가 있음을 알려준다.
10. 두 개는 꾸짖고 세 개는 칭찬한다.

Chapter 15

칭찬으로 사람들을
친구로 만들라

칭찬으로 친구를 만들어라. 다른 사람에게 영향력을 키우는 가장 확실한 방법은 칭찬의 말을 해주는 것이다. 칭찬함으로 큰 효과를 거둘 수 있다. 상대방이 바빠서 만날 시간이 없다고 하면 제삼자를 통해 칭찬의 말을 듣게 해 보라. 제삼자를 통해 "누가 당신에게 좋은 말을 하더라"는 칭찬을 듣게 되면 상대방은 놀라게 된다. 이것은 상대방이 예상하지 못한 칭찬이기 때문에 그만큼 큰 효과가 나타나게 된다. 사람들은 누구나 다른 사람이 자신을 인정해주기를 바라고 칭찬해주기를 바라기 때문에 제삼자를 통해 좋은 평가를 듣게 되면 상대방은 그만큼 호감을 느끼게 된다.

모든 사람은 자신에 대한 칭찬을 좋아하고 그 칭찬이 제삼자에 의한 것일 때는 특히 더 좋아한다. 그러므로 우리가 만나는 모든 사람에게 제삼자의 칭찬을 전하는 습관을 갖는 것도 좋은 인간관계를 맺어가는 방법의 하나다. 사람을 친구로 만들려면 상대방의 단점보다도 장점을 보아야 한다.

우리는 칭찬을 하므로 가까운 사람들부터 친구로 만들어야 한다. 남편과 아내, 가족 그리고 친구와 이웃들과 어울림이 있어야 한다. 그래서 《성경》에서도 "여호와 하나님이 이르시되 사람이 혼자 사는 것이 좋지 아니하니 내가 그를 위하여 돕는 배필을 지으리라"(창세기 2:18)고 말씀하셨다.

가장 친한 친구란 은밀한 비밀까지 함께 나누어 같이 지내고 싶어 하는 사람이다. 어떠한 비극이 닥쳤을 때에도 함께 대처한다면 서로 간의 관계가 더욱 견고해질 수 있다. 이런 관계에서는 무엇보다도 서로의 성격을 이해하는 것이 매우 중요하다. 그렇게 되면 인생에서 중요한 결정까지 함께 내릴 수 있게 된다.

친구의 소중함에 대해서는 아무리 강조해도 지나치지 않

다. 늘 자주 만나는 사람들이 친구다. 친구를 잘 사귀려면 공감대를 형성해야 한다. 자기의 기호와 취미를 가진 사람들에 대해서는 누구나 다 호감을 갖게 된다. 서로 호감을 갖게 된 사람들이 마침내 친구가 된다. 우리의 삶은 저마다의 다른 색깔을 지닌 많은 친구와 서로 관계를 형성하고 살아가기 때문에 칭찬과 격려를 아끼지 않는 좋은 친구를 많이 만들어야 한다. 그 방법은 다음과 같다.

- **약속을 꼭 준수하라.**

  상대방과 약속을 한 후 보통은 쉽게 잊어버린다. 그러면 상대방에게 신뢰를 잃게 되므로 약속을 꼭 지켜야 한다.

- **어려운 일을 당한 친구를 위로하라.**

  모든 사람이 처음에는 호의를 베풀지만, 대부분 곧 그를 잊고 만다. 그러나 우정이 있는 친구는 그가 회복될 때까지 관심을 갖는다.

- **호의를 베풀었던 사람을 기억하라.**

  언제 누가 나에게 호의를 보여주었는지를 항상 기억하라. 자신의 형편이 조금 좋아졌다고 해서 그들을 쉽게 잊어버리면 안 된다.

- **비방하지 마라.**

  당사자가 없는 데서 그에 대해 이야기하는 것은 나쁘다. 그 친구의 장점을 칭찬할 수 있는 폭넓은 마음을 가져야 한다.

- **무조건 받기만 바라지 마라.**

  우리가 아무리 어렵다 하더라도 일방적으로 받아서는 안 된다. 보답할 줄도 알아야 한다.

- **항상 웃는 사람이 되라.**

  늘 밝은 표정이 되도록 노력하라. 상대방이 유쾌한 농담을 했을 때 쾌활하게 웃어주는 것도 상대방을 존중하는 방법의 하나다.

친구는 두 종류가 있다. 자신의 좋은 일에 함께 기뻐해주는 친구와 나쁜 일이 있을 때 위로해주고 격려해주며 충고해주는 친구다. 친구란 서로에게 유용해야 한다. 서로의 필요성을 잘 교환할 줄 알아야 한다. 우리가 친구를 사귀는 것은 서로가 서로에게 무언가를 주고 싶고 또 받고 싶은 것으로 주는 것도 즐겁고 받는 것도 아름다운 것이다.

우리는 때로 자신조차도 제대로 보살피지 못하면서 기회만 주어진다면 남들을 최고로 잘 관리할 수 있을 것으로 생각한다. 그것은 착각이다. 따라서 다른 사람을 효율적으로 관리하고 싶다는 소망을 하기 전에 먼저 남들의 본보기가 되는 법부터 배워야 한다. 높은 성과를 이루도록 스스로 고무시킬 수 없다면 다른 사람을 고무시키는 것도 불가능하기 때문이다. 우리는 실수에 따라 움직이지 말아야 한다. 어리석음을 범하지 않으려면 우리가 먼저 움직여야 한다. 다시 말하면, 우리가 먼저 자신의 가치를 증명해 보여야 한다.

우리가 받기를 원한다면 먼저 주어야 한다. 받는 만큼 주지 않고도 살 수 있다고 생각하는 사람은 남들을 속이기 위해서 더 쓰기 때문에 그들이 받는 것은 거의 없다. 이처럼 인생은 공평하다. 결국 누구나 준만큼 받게 된다. 따라서 생산적이고 긍정적인 노력에 시간을 바치고 자신의 시간과 재능을 아낌없이 베풀어야 한다. 그러면 인생의 주된 목표가 거저 받기만을 바라는 것인 듯한 대다수의 사람 중에서 복된 삶을 살아갈 것이다.

우리가 다른 사람을 친구로 만들려면 우리의 마음을 온화하게 하며 서로 공감하고 진심을 나눌 수 있어야 한다. 온화함이란 사람을 친근하게 대하는 것을 말한다. 상대방과 함께 시간을 보내며 그의 관심에 귀 기울여주는 것이다. 진심이란 상황이 변함에 따라 시시각각으로 자신의 태도를 바꾸는 것이 아니라, 상대방에게 일관된 태도를 보여주는 것을 말한다. 우리가 살아가면서 즐거움 중의 하나는 좋아하는 사람을 만나는 데 있다. 그 사람이 자기를 칭찬해준다면 기쁨은 클 것이다. 많은 사람이 좋아하는 타입은 어떤 사람일까? 그런 사람은 칭찬도 잘하는 사람이지 않을까! 그 사람이 바로 아래와 같은 사람이다.

- 남의 말을 잘 들어주는 사람.
- 성공할 수 있도록 도와주는 사람.
- 함께 식사하면 기분이 좋아지는 사람.
- 독서하기를 즐기는 사람.
- 남을 비판하지 않는 사람.
- 시간 약속을 잘 지키는 사람.
- 자신의 것만을 자랑하지 않는 사람.
- 가족을 사랑하는 사람.
- 성실하고 근면한 사람.
- 긍정적이고 적극적인 사람.
- 대화를 나눌 때 끝까지 남아 있는 사람.

- 높은 자리만 탐내지 않는 사람.

- 모든 일 처리가 분명한 사람.

- 말투가 상스럽거나 거칠지 않은 사람.

- 열정이 있는 사람.

- 남의 수고에 감사할 줄 아는 사람.

- 소식을 전해주는 사람.

- 억지로 일을 시키지 않는 사람.

- 남의 단점을 함부로 말하지 않는 사람.

- 주변 사람을 격려해주고 위로해주는 사람.

- 남의 일도 자기 일처럼 해주는 사람.

- 늘 마음에 여유가 있는 사람.

  남을 돕는 습관이 몸에 배어 있는 사람들은 도움을 받는 자에 못지않은 혜택을 얻게 된다는 것을 잘 알고 있다. 따라서 우리가 다른 사람에게 선을 베풀고 칭찬을 해준다면 우리는 더욱 나은 사람이 된다. 우리의 선행과 칭찬이 미치는 긍정적인 효과는 받은 사람의 기억 속에서 완전히 잊히기 전까지 여운이 남게 된다. 그러므로 우리는 꼭 대단한 것을 칭찬하지 않아도 된다. 세상에서 가장 값진 선물은 자신의 시간과 마음을 주는 것이다. 따뜻한 칭찬 한마디, 작은 호의 하나가 오래도록 고맙게 남을 수 있다.

행복은 많이 줄수록 많이 받는다. 인생의 가장 큰 보상은 재산의 축적에서 오는 것이 아니라, 남들이 행복을 이루도록 도와주면서 정신적 만족의 결과로 얻어진다. 우리가 다른 사람에게 기쁨을 주고 싶다면 그 사람이 잘한 일을 칭찬해주면 된다. 이 세상에는 행복과 기쁨을 나누는 것이 늘 부족하다. 우리가 그 부족을 채우는 사람이 되어야 한다.

우리는 부정적 사고라는 정신질환으로 고통받는 사람들보다 행복하고 긍정적이고 생산적인 사람들과 친구하는 것이 좋다. 늘 성공을 열망하고 긍정적인 정신 자세를 지니기 위해 노력하는 사람들과 시간을 보내야 한다.

"마음이 착하고 친절한 자가 하나님을 가장 많이 닮은 사람이다."

-로버트 번스 Robert Burns

친구로 만드는 6가지 방법

1. 용기를 가져야 한다.

   용기란 희망을 잃지 않고 목표를 추구하는 일종의 추진력이다.

2. 인내해야 한다.

   인내란 목적한 바를 성취하기까지 계속하여 추구하는 것을 의미한다.

3. 감사해야 한다.

   감사란 다른 사람으로부터 받은 은혜를 아는 것이다.

4. 침착해야 한다.

   침착이란 어떤 상황에서도 두려워하지 않고 차분하게 대응하는 태도이다.

5. 친절해야 한다.

　친절이란 다른 사람의 기분을 고려해줄 줄 아는 태도를 의미한다.

6. 참된 사랑을 해야 한다.

　참된 사랑이란 상대방의 필요에 관심을 갖고 그것을 들어줄 줄 아는 것이다.

Chapter 16
칭찬의 리더가 되어라

우리가 살아가면서 주위를 살펴보면 칭찬을 받으며 살아가는 사람이 드물다. 사람들은 보통 칭찬을 받기보다는 비판을 받는 경우가 더 많다. 우리가 비판을 받지 않으려면 남을 함부로 비판하지 말아야 한다. 그리고 비판을 많이 하다 보면 자연스럽게 비판을 해야 원하는 결과를 얻을 수 있다고 생각하게 된다.

우리에게는 남을 칭찬해주면 안 된다는 잘못된 생각이 은연중에 들어와 있다. 그런 생각이 우리의 태도에 잘못된 영향을 미치게 하고 있다. 그러나 칭찬을 하고 살면 삶이 어느 사이에 더 행복해졌음을 느끼게 된다. 그리고 마음이 평안해지고 기쁨이 찾아온다.

칭찬하면 안 된다는 생각을 하는 사람들의 경직된 얼굴을 보면 그들이 잘못된 생각을 하고 있다는 것을 쉽게 알 수 있다. 칭찬하지 않는다는 것은 상대방을 받아들이지 못하고 있다는 것을 보여준다. 상대방에게 관심이 없거나 무시하려는 마음도 있을 수 있다. 이것은 삶을 자기 방식대로만 고집스럽게 살아가는 어리석음 때문이다. 우리의 삶에서 칭찬은 우리의 자연스런 마음의 표현이다. 칭찬을 잘하지 않는 이유는 다음과 같다.

- "나를 칭찬하지 않는데 왜 칭찬을 해야 하는가?"
- "칭찬할 만한 점이 없다."
- "지나치게 칭찬하면 오히려 역효과가 날 수 있다."
- "칭찬을 해주면 노력하지 않을 수도 있다."
- "내가 칭찬을 해주면 나를 혹시 가볍게 보지 않을까?"

남을 칭찬하는 마음이 더 넓은 마음이다. 상대방에게 칭찬해주고 칭찬을 바로 기대하지 않는 것이 좋다. 모든 사람에게는 칭찬할 만한 점이 있다. 장점이 없는 사람은 없다. 그 장점을 찾아 칭찬을 해주어야 한다. 완전한 사람이 없는 것처럼 완전히 불완전한 사람도 없다. 사람은 누구나 정신의 양식이 되는 칭찬을 갈구한다. 칭찬은 더욱 열심히 살아가게 한다.

칭찬의 말은 한 번으로 끝내는 습관을 갖는 것이 좋다. 이야기하는 상대가 한 사람이든지 두 사람이든지 반드시 이야기의 처음이나 중간에는 상대방의 좋은 점을 발견하여 칭찬해주면 좋다. 다만 속이 빤히 들여다보이는 인사치레의 말은 하지 않는 것이 좋다. 이것은 부모와 자식 간이나, 동료나, 상사나, 손님과의 사이에서도 마찬가지다. 단 한 번의 확실하게 칭찬하는 말을 사용하는 것이 그 이후의 이야기를 진행하는 데 있어서 상대방의 기분을 좋게 하고, 그리고 자신의 이야기를 악의없이 받아들이게 한다. 일반적으로 인사를 나눈 후 금방 눈에 띄는 것이나 이전부터 들어왔던 상대방에 대한 것에 대해서 한번 가볍게 칭찬하면 기분 좋게 대화를 이끌어 나갈 수 있다.

그러나 우리에게 다음과 같은 것들이 있으면 절대로 남

을 칭찬할 수 없다. 이것은 《성경》에서 하나님이 싫어하시는 일곱 가지라고 하였다.

첫 번째, 교만한 눈이다. 교만은 치켜뜬 눈에서 나타난다. 이는 '교만한 눈'이라는 히브리어 표현에서 유래된 것으로써 교만한 사람은 고개를 빳빳하게 쳐들고 눈을 치켜뜬다. 교만이 어떤 사람의 마음을 채우면 그 사람의 태도에 그대로 반영된다. 교만이 첫 번째 죄로 언급된 것은 그것이 하나님께 대한 모든 반항과 불순종의 근원이기 때문이다(로마서 12장).

두 번째, 거짓된 혀다. 하나님은 진리의 하나님, 거짓말을 싫어하시는 분이다(히브리서 6:18). 이는 아나니아와 삽비라 사건에서도 잘 나타난다(사도행전 5:1~11). 하나님은 자신의 거룩함을 나타내기 위하여 본보기로 그들의 생명을 취하셨다.

세 번째, 잔인한 손이다. 하나님은 무죄한 피를 흘리는 손을 싫어하신다. 하나님은 흉악하고 잔인한 성향이 있는 사람, 즉 자신의 일에 방해가 되는 사람은 무조건 제거해 버리는 사람을 싫어하신다. 왜냐하면 하나님께서 친히 생명을 지으시고 그것에 존엄성을 부여하셨기 때문이다. 그래서 남의 생명을 취한 자는 자기 생명으로 그 대가를 치러야 한다고 말씀하셨다(창세기 9:6).

네 번째, 사악한 마음이다. 하나님은 악한 계교를 꾀하는 마음을 싫어하신다. 악을 행하는 것도 나쁘지만, 어떻게 악을 행할 것인가를 궁리한 것이 더 나쁘다. 사악한 마음은 새로운 범죄를 고안해내기 위한 사탄의 작업장이다.

다섯 번째, 악을 향한 발걸음이다. 하나님은 빨리 악으로 달려가는 발도 싫어하신다(잠언 6:18). 이것과 죄와의 차이점은 죄는 실책으로 묘사됐지만, 악으로 달려가는 발은 고의적 행위로 판단된다.

여섯 번째, 거짓 증인이다. 하나님은 거짓을 말하는 망령된 증인을 싫어하신다. 하나님은 무고한 사람을 비난하는 사람을 싫어하신다. 다윗, 예수, 바울도 거짓증인들의 모함을 체험했다(시편 27:12, 마태복음 26:59~61, 사도행전 25:7~8). 거짓 증거는 정의의 장애물이며 무죄한 이의 명예를 무너뜨리고 심지어 그 사람의 삶까지 파괴한다.

일곱 번째, 이간하는 마음이다. 하나님은 형제 사이를 이간하는 자를 싫어하신다. 문제를 일으키는 사람은 일치단결해야 할 곳에 분열을 일으킨다.

상황에 맞게 칭찬을 어떻게 할 수 있는지 살펴보자.
남의 집을 방문했을 때 현관에 들어서면서 이런 말로 칭찬을 해 보자.
"청소가 잘되어 있어서 깨끗하군요!"
"신발이 깔끔하게 정리 정돈되어 있네요!"
"화초를 예쁘게 잘 키우시네요!"

회사의 초청을 받아 갔을 때 이렇게 칭찬을 해 보자.
"회사가 활기가 넘치는군요!"
"사원들의 매너가 아주 좋은데요!"
"회사 분위기가 아주 밝습니다!"

서서 이야기할 때나 길가에서 만났을 때 칭찬을 이렇게 해 보자.

　"자녀가 귀엽네요!"
　"멋지게 보이네요!"
　"옷 스타일이 센스 있네요!"

　이렇게 눈에 띄는 부분을 칭찬해주는 것이 좋다. 상대방이 날마다 자랑하거나 신경을 쓰고 있는 부분에 대해서 칭찬하는 것이 자연스러우며 대화나 상담을 부드럽게 이끌어 갈 수 있는 하나의 방법이 될 수 있다.

"친절 하라. 사람을 만나는 것은 지독한 전쟁이다."
－이언 매클래런Ian Maclaren

칭찬을 잘할 수 있게 만드는 방법

1. 마음을 넓게 가져라.
2. 상대방에게서 칭찬할 것을 찾아내라.
3. 칭찬할 사람을 찾아라.
4. 칭찬할 대상자를 잘 파악하라.
5. 칭찬을 새롭게 창출하라.
6. 칭찬 언어를 잘 표현하라.
7. 칭찬할 사람의 주변을 잘 알고 칭찬하라.
8. 칭찬한 후 반응을 잘 보라.

Chapter 17
생활 속에서 칭찬을 자주하라

행복한 가정생활을 하려면 가족에게 칭찬을 자주해야 한다. 칭찬과 격려는 행복한 삶을 만들어주는 원동력이 된다. 꾸중이나 고함을 아무리 질러도 고쳐지지 않는 것이 칭찬 한마디로 고쳐질 수 있다. 칭찬은 때로는 가족의 약점까지도 장점으로 바꾸어 놓는다.

칭찬에 인색한 가족은 살맛이 나지 않는다. 사람에게는 누구에게나 찾아보면 칭찬해줄 만한 점이 있다. 그러므로 칭찬할 것을 찾아서 하루에 한 번씩 칭찬을 서로 해주면 가정이 한층 더 행복해진다. 가족이 모이는 것을 좋아하고 서로 사랑하는 마음이 깊어지게 된다.

칭찬을 해주면 가족 모두가 즐거워지고 가족이 행복하다는 생각에 마음이 평안해지며 살아감에 힘이 넘치게 된다. 부부 사이에도 칭찬과 격려가 중요하다. 일하는 남편에게 칭찬과 격려를 아끼지 않고 집안일을 하는 아내의 수고에도 칭찬과 격려를 아끼지 않는다면 서로 인정받고 있다는 마음에 흐뭇해진다. 가족에게는 칭찬해줄 일이 많다. 그러나 깎아내리고 흉보고 지적만 한다면 좋아할 사람은 아무도 없다.

가족이 서로 칭찬하면서 살 때 행복한 가정이다. 복이란 삶에서 누리는 좋고 만족할만한 행운을 말한다. 삶에서 얻는 행복을 말한다. 처복은 훌륭한 아내를 맞이하게 되는 복 또는 아내 덕분에 누리는 복이다. '여보'라는 말은 '보배와 같은 사람'이라는 뜻이며, '당신'이라는 말은 '마땅히 당신의 몸은 내 몸과 같다'는 뜻이다. 즉, 부부 사랑은 둘이 만드는 단 하나의 사랑이다. 그러므로 항상 나는 행운아고 내가 복덩어리라는 생각을 하고 복을 찾아다니기보다는 복 받을 삶으로 살아야 한다.

복 중의 복은 부부 사이가 서로 좋아하는 것, 부부가 닮아가는 것, 황혼이 짙어갈수록 신뢰해주고 함께 해주는 것, 동행하는 기쁨을 누리는 것이다. 사랑하는 사람과 한집에 살고 신발을 나란히 놓을 수 있고 삶의 희로애락을 함께할 수 있는 것이 복 중의 복이다.

아내가 음식 솜씨가 좋고 남편이 경제력이 있으며 서로 감성과 인품이 있고 자녀가 잘 성장하면 이보다 더한 복이 어디 있겠는가! 부부는 서로 칭찬하고 격려해주며 살아야 한다.

부부 사이는 처음에는 애정, 그다음에는 우정, 그다음은 동정이다. "어이구! 저 늙은이 나 없으면 어떻게 사나!" 이렇게 정감 있게 살아야 한다. 부부 사이는 철길과 같아야 한다. 중간마다 서로 받쳐주고 같은 방향으로 나가야 한다.

부부 사랑

열 살 때는 멋모르고 사랑하고
스무 살 때는 아기자기하게 사랑하고
서른 살 때는 눈코 뜰 새 없이 사랑하고

마흔 살 때는 서로 버릴 수 없어서 사랑하고
쉰 살 때는 서로 가여워서 사랑하고
예순 살 때는 서로 고마워서 사랑하고
일흔 살 때는 서로 등 긁어주는 맛에 사랑한다.

부부 사랑은 계절 없이 피어도 좋은 사랑이다. 부부 사랑은 평생토록 익어가는 열매다. 후회 없이 멋지게 사랑하며 살자!

칭찬이란 언어생활을 창조 언어로 바꾸어 놓는 능력이다. 언어는 생명의 샘이요, 창조의 씨앗이다. 창조적 언어에는 생명을 주는 위대한 힘이 있다. 혀에 생명이 있다. 그러므로 이 혀로 어떤 말을 하고 살아가느냐가 중요하다. 칭찬은 자녀에게 사랑을 전달하는 데 중요한 역할을 한다. 칭찬과 사랑의 언어는 자녀에게 가족에게 큰 힘을 준다. 우리는 날마다 칭찬의 말, 축복의 말, 희망의 말, 소망의 말을 하며 살아야 한다. 가족이 서로 칭찬해주면 사랑이 더 충만해질 것이다. 부모가 자녀에게 이렇게 칭찬해 보자.

"참 잘했다!"

"도와주어서 고맙다!"

"나는 네 방식을 좋아한다!"

"너 참 열심히 했구나!"

"항상 부지런하구나!"

"너 참 강해 보이는구나!"

"너 정말 예쁘구나!"

"너를 사랑한다!"

"너 때문에 행복하다!"

"너를 보고 있으면 마음이 편하다!"

우리가 남을 칭찬해주는 것도 중요하지만, 가족을 칭찬해주는 화목한 삶으로 살아가야 한다. 가정이 행복해야 모든 일을 기쁜 마음으로 할 수 있기 때문이다. 가정은 언제나 쉼을 주고 사랑을 주는 행복과 사랑의 울타리가 되어야 한다.

우리는 가정을 행복하게 만드는 요리사가 되어야 한다. 음식을 만들 때 재료를 가지고 먹음직하고 맛있게 만들듯이, 한 가정의 삶도 마찬가지다. 가정의 행복이란 요리를 잘하여 화목하게 만드는 것은 바로 어머니의 공, 여성이 요리사다. 그러므로 여성의 역할이 중요하다. 가족에게 행복이란 요리를 만들어주는 것은 마음속에서 우러나오는 사랑에서 이루어질 수 있다. 오늘도 사랑으로 가정을 행복하게 만드는 요리사가 되어야 한다.

어느 가정이든지 어머니의 손길 따라 사랑의 꽃들이 피어난다. 예전에 어머니들은 어린 자녀에게 얼굴을 닦아주고 발을 씻어주면서 사랑의 마음을 쏟아주곤 했다. 그런데 요즘은 무조건 씻으라고만 한다. 사랑의 표현은 돈으로 만들 수 있는 것이 아니다. 요즘 아이들이 말을 안 듣는다고 걱정만 할 게 아니라, 예전의 어머니처럼 마음속에서 우러나오는 사랑의 손길로 자녀를 키워야 한다. 어머니의 사랑 속에서 자란 자녀, 어머니의 기도 속에서 자란 자녀는 하나님의 사람으로 부족함이 없을 것이다. 사랑으로 자녀를 칭찬하고 격려하며 기도로 키워야 한다. 사랑하는 가족에게 이렇게 서로 칭찬해 보자.

"여보, 사랑해요!"

"엄마 아빠, 사랑해요!"

"아들아, 사랑한다. 딸아, 사랑한다."

"행복하게 해주셔서 감사합니다."

"참 잘했습니다."

"우리 집의 최고 요리사는 엄마예요!"

"당신의 말이 옳아요!"

"아빠는 멋있어요! 엄마는 예뻐요!"

"일을 하느라고 힘들었지요!"

"나는 엄마 아빠를 믿어요!"

"우리도 너희를 믿는다."

"아주 튼튼하구나!"

"아무 걱정을 하지 않아도 되겠구나!"

"여자란 칭찬을 매일 들어야 살 수 있는 존재다"라는 말이 있듯이, 사랑하는 가족이라 하여도 아내나, 남편이나, 딸이나, 아들이나, 누구나 칭찬을 들으면 싫어할 사람은 없다. 칭찬의 말에 모두 기뻐하며 가족사랑은 더 두터워지게 된다. 칭찬은 약 중의 약인 보약이다. 가족이 그 보약을 먹으면 힘이 솟고 친밀감을 더 느끼게 된다. 하루에 한 가지 이상을 칭찬해준다면 가정은 행복이 가득할 것이다.

사람은 언제 어디서나 시간에 관계없이 자기가 한 일에 대해 칭찬을 들으면 좋아한다. 그만큼 자기가 일을 잘하고 있다는 평가이기 때문이다. 우리가 칭찬을 한마디도 듣지 않고 살아간다면 그 삶은 무의미하고 고통스러울 것이다. 그러므로 가장 가까운 가족부터 칭찬하며 살아야 한다.

우리가 가족과 행복하게 살고 싶다면 자녀와 대화를 나누고, 자신감을 심어주고, 시간을 들여 십대와 청소년기를 잘 이끌어주어야 한다. 이것을 우리가 적극적으로 노력한다면 곧 즐거운 삶을 반드시 보답 받게 된다.

우리가 자신감을 갖고 균형 잡힌 삶을 살기 위해서는 이상적인 배우자를 만나 행복한 가정을 꾸리는 것이 좋다. 삶이 온전하면 좋은 추억과 사랑하는 사람들이 생긴다. 부부와 자식 간에 서로 사랑하고 서로 힘이 되어주며 칭찬해주고 감싸주며 살아가야 행복한 삶을 살아갈 수 있다.

매일같이 기쁨을 안겨주는 아이들을 낳아 키우기 위해서는 대화의 기술이 필요하다. 아이들은 선반에 보관해 두는 물건이 아니다. 살아서 숨 쉬고, 생각하며, 감정을 표현하는 인간이다. 아이들과 지속적으로 가까운 대화를 나누면 아이들뿐만 아니라, 부모도 자신감이 커진다. 아이들은 부모의 에너지를 뽑아가는 것이 아니라, 오히려 공급해준다. 자녀와 대화할 때는 마음속의 레이더를 이용하여 그들의 말을 들어주면서 부정적인 말을 하지 말아야 한다. 우리가 자녀에게 아래와 같이 부정적인 말을 사용하지 않았나 생각해 보자.

"너 때문에 내가 못 살아!"

"너한테 질렸다!"

"너 때문에 미치겠다!"

"너는 제대로 하는 게 없구나!"

"너는 언제나 이기적이다."

"너는 내 자식이 아니다!"

"너에게 아무것도 기대하지 않는다!"

"너는 항상 문제투성이야!"

"나가든지 들어오든지 네 마음대로 해라!"

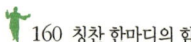

"너 때문에 부끄럽다!"

   십대 미만의 아이들에게 자신감을 키워주는 방법은 칭찬이다. 하지만 직접적으로 칭찬해주면 아이들 중에는 그냥 하는 말이라 생각하고 들으려 하지 않는 일도 있다. 정말로 칭찬하려면 아이가 듣고 있을 때 다른 사람에게 칭찬해야 한다.

   어느 어머니는 자녀에게 자신의 말을 엿듣게 하는 데 선수였다. 그녀는 자녀에게 직접 말하는 것이 효과가 없을 때가 있다는 것을 알았다. 그녀의 자녀는 어머니가 친구들에게 "우리 아이는 어디에 내놔도 남부럽지 않고 똑똑하고 착하다!"고 하는 말을 들었다. 이 말을 들은 자녀는 후에 성공하였다. 성공한 자녀는 이렇게 말했다. "그때 어머니의 말을 듣고 나는 어디에 내놔도 남부럽지 않게 자라겠다고 마음을 먹었습니다. 우리는 모두 훌륭한 가족 구성원이자 사업가, 또 사회에 이바지하는 사람이 되었습니다. 어머니의 칭찬 때문이었습니다." 부모로부터 칭찬받고 자란 아이들이 성장해서도 다른 사람에게 칭찬받을 일을 하면서 살아간다.

도로시 로 놀테Dorothy Law Nolte도 아이들은 생활에서 배운다고 하였다.

"꾸지람을 받으며 자란 아이들은 비난하는 것을 배우고
미움을 받으며 자란 아이들은 싸움을 배우고
두려움 속에 자란 아이들은 근심을 배우고
동정을 받으며 자란 아이들은 자기 연민을 배우고
놀림을 받으며 자란 아이들은 수줍음을 배우고
질투를 받으며 자란 아이들은 시기심을 배우고
부끄러워하며 자란 아이들은 죄책감을 배우고
칭찬을 받으며 자란 아이들은 자신감을 배우고
너그러움 속에 자란 아이들은 인내심을 배우고
격려를 받으며 자란 아이들은 고마워하는 것을 배우고
사랑을 받으며 자란 아이들은 사랑을 배우고
관심 속에 자란 아이들은 자긍심을 배우고
인정을 받으며 자란 아이들은 목표를 새우는 것을 배우고
함께 나누며 자란 아이들은 관대함을 배우고
정직함 속에 자란 아이들은 진실한 삶을 배우고

공정한 대우를 받으며 자란 아이들은 정의를 배우고

친절함 속에 자란 아이들은 남을 존중하는 법을 배우고

평안함 속에 자란 아이들은 사람에 대한 믿음을 배우고

다정함 속에 자란 아이들은 세상이 살기 좋은 곳임을 배운다."

아이들의 자존심이 중요하다면 어떻게 해야 하는가? 긍정적으로 생각하도록 도와주어야 한다. 부모가 아이의 감정을 존중하고 아이 스스로 선택할 기회를 주며, 스스로 문제를 해결하게 할 때마다 아이는 자신감이 생기고 자부심을 갖게 된다. 아이가 부모에게 소중한 존재인 것도 중요하지만, 아이들이 자신을 알아갈 수 있도록 칭찬과 격려를 통하여 스스로 일어날 수 있는 자부심과 힘을 길러주는 것이 중요하다. 아이에게는 언제나 부모가 곁에 있을 수 없기 때문이다.

아이가 긍정적이면서도 현실적인 자기 이미지를 형성할 수 있도록 돕는 것도 칭찬이다. 하지만 칭찬하는 것도 기술이 필요하다. 때로는 좋은 의도에서 칭찬한 것이 예상 밖의 결과를 낳을 수도 있다. 왜냐하면 그것은 진실이 담겨있지 않은 습관적인 칭찬에서 비롯되었기 때문이다. 진실한 사랑의 마음으로 칭찬한다면 아이도 언제나 진실하게 받아들인다. 그리고 그 칭찬의 여운은 이 지상에 살아 있는 동안 자녀의 머리와 마음속에 남아 삶을 아름답게 살아가도록 해줄 것이다.

"친절이 활동하는 날에는 모든 것이 매우 아름다워진다."
─엘리스턴Elliston

부모가 자녀에게 칭찬하는 방법

1. 본대로 칭찬해준다.
    "방 정리를 잘했구나. 참 착하다!"
    "엄마 아빠는 네가 자랑스럽다!"

2. 느낀 대로 묘사한다.
    "이 방에 들어오니 기분이 좋구나!"

3. 아이가 칭찬받을 만한 행동을 했을 때는 한마디로 요약해서 칭찬한다.
    "방을 잘 정리했구나!"
    "너는 참 깔끔하구나."

Chapter 18
칭찬하는 습관을 가져라

우리의 삶은 만남과 헤어짐 속에서 이루어진다. 그러므로 우리의 삶은 누구를 어떻게 만나느냐가 매우 중요하다. 사람을 만나고 사귀며 살아가는 데도 중요한 법칙이 있다. 상대방을 칭찬하는 습관을 가지면 모든 다툼에서 벗어날 수 있다. 칭찬은 상대방에게 자신감과 희망을 주기 때문에 칭찬한 사람도 행복할 수 있다.

윌리엄 제임스William James는, "인간성의 근원을 이루는 것은 타인에게 인정받고 싶은 소망"이라고 하였다. 이 소망은 인간이 동물과 구별되는 것을 보여준다. 인류의 문명도 이 소망에 의해서 발전된 것이라 할 수 있다. 그러므로 상대방의 굳게 닫힌 마음의 문을 여는 힘은 칭찬이다.

훌륭한 리더가 되려면 칭찬을 잘해야 한다. 가장 좋은 리더는 자신이 있는지 없는지 모를 정도로 강력한 리더십으로 소리 없이 사람들을 움직이도록 하여 목적을 달성하게 하며, 그렇지 못한 리더는 순종하게 하여 자신에게 박수를 보내게 한다. 이보다 더 못한 리더는 경멸받는 리더다. 그러므로 유능한 리더가 되려면 그룹의 행동에 영향을 미치고 있는 것들이 무엇인지를 찾아내어 그것에 성공적으로 영향을 미칠 수 있어야 한다.

예수님도 말씀하셨다. "남에게 대접을 받고자 하는 대로 너희도 남을 대접하라"(누가복음 6:31) 인간은 누구나 인정받고 싶어 한다. 때로는 작은 부분일지라도 자신이 중요하고 필요한 존재라는 것을 알리고 싶어 한다. 또한 칭찬에 굶주려 있는 사람들이 있다. 현대 사회에는 삶에서 소외되어 있다고 생각하는 사람들이 점점 더 늘어가고 있다. 그들에게 진심이 담긴 따뜻한 칭찬 한마디는 큰 힘이 되고 용기가 된다.

도로시 딕스가 이런 말을 하였다. "칭찬하는데 익숙하여

질 때까지 절대로 결혼해서는 안 된다. 독신으로 있을 때는 여성을 칭찬하든 말든 자유지만, 일단 결혼을 하게 되면 그 날부터 상대방의 장점을 칭찬해주는 것이 필수조건이다. 그것은 자기의 안전을 위해서 필요하다. 결혼생활은 외교와도 같은 것이기 때문이다. 그러므로 만족스러운 가정을 꾸리고 싶다면 결코 아내의 일에 대해서 비난을 하거나 자기 어머니와 비교하지 마라. 반대로 언제나 아내의 알뜰함이나 센스 있는 감각을 인정해주고 그런 아내를 맞게 된 것을 행복해하고 떳떳하게 기뻐하라. 아내는 남편의 기대에 어긋나지 않으려고 최선을 다해 가정을 꾸리고 서비스를 할 것이다. 이것은 단순히 가정생활에만 국한되는 이야기가 아니다. 직장에서도 사회생활에서도 나름대로 응용하여 활용해 보기 바란다." 우리가 상대방에게 칭찬을 잘하려면 상대방을 설득하는 지혜가 필요하다. 우리가 상대방을 설득할 수 없다면 칭찬해도 아무런 소용이 없다. 왜냐하면 신뢰하는 마음이 없으면 칭찬도 아무런 가치가 없기 때문이다. 상대방을 이런 방법으로 설득해 보라.

- 논쟁을 피하고 공손하게 말하라.
- 상대방의 실수를 지적하지 마라.
- 자신의 실수를 인정하라.
- 상대방이 "예"라고 대답할 수 있는 이야기부터 시작하라.
- 상대방의 입장에서 하라.
- 상대방이 생각해 내도록 하라.
- 상대방에게 진심을 표시하라.
- 상대방이 소중한 존재임을 알게 하라.
- 솔직한 마음으로 칭찬하라.
- 삶을 아름답게 연출하라.

부드러운 칭찬의 말은 새벽하늘에 빛나는 별들처럼 언제까지나 기억에 남고 마음의 양식이 된다. 더구나 칭찬을 듣지 않고 일할 때보다 훨씬 더 열의도 있고 성과도 좋아진다. 리더는 칭찬에 후해야 한다. 언제나 칭찬할 준비가 되어 있어야 한다.

에이브러햄 링컨Abraham Lincoln은 어느 편지 서두에서, "사람은 누구나 칭찬받기를 좋아한다"고 하였으며, 유명한 심리학자 윌리엄 제임스는, "인간이 가진 성정 가운데서 가장 강한 것은 다른 사람에게 인정을 받고자 갈망하는 마음"이라고 하였다. 지그문트 프로이트Sigmund Freud는, "인간의 모든 행동은 두 가지 동기, 즉 성의 충동과 위대해지려는 욕망에서 비롯된다"고 하였고, 미국의 철학자이며 교육가인 존 듀이John Dewey 교수도 인간의 가장 뿌리 깊은 충동은 "중요한 인물이 되고자 하는 욕구"라고 하였다.

결국 사람은 '자기 중요함'과 더불어 '위대해지는 것'을 원하며 살아간다. 이런 사람은 남을 칭찬해주기를 좋아한다. 상대방이 잘되는 것을 기뻐할 줄 알며, 그래서 늘 밝고 행복해한다. 사람들은 칭찬과 웃음 속에서 행복을 느낀다.

앤드루 카네기Andrew Carnegie를 대성공하게 하는 데 큰 일익을 담당했던 찰스 슈워브는 하루에 3,000달러 이상의 급료를 받았다. 그 이유를 그는 이렇게 말한다. "나에게는 사람으로 열정을 불러일으키는 능력이 있다. 이것이 나에게 있어 가장 소중한 보배라고 생각한다. 남의 장점을 키우기 위해서는 칭찬해주는 것이 가장 좋은 방법이다. 윗사람으로부터 야단을 맞는 것처럼 의욕을 상실하게 하는 것은 없다. 나는 어떠한 경우라도 사람을 비난하지 않는다. 사람을 일하게 하기 위해서는 격려가 필요하다고 믿는다. 따라서 나는 사람을 추켜올리는 것은 퍽 좋아하지만, 깎아내리는 것은 아주 싫어한다. 마음에 드는 일이 있으면 진심으로 찬성하고 아낌없는 찬사를 보낸다. 나는 지금까지 세계 각국의 여러 훌륭한 인사들과 교제해 왔지만, 아무리 지위가 높은 사람이라도 잔소리보다는 칭찬을 들으며 일할 때 열의도 더 있고 성과도 좋은 법이다. 이것의 예외란 한 번도 겪어 본 적이 없다."

찰스 슈워브는 자기의 미소가 백만 달러의 가치가 있다고 말했다. 미소의 값은 그보다 더 비싼 결과를 가져오는 경우가 많다. 그의 특출한 성공 방법은 그의 인품·매력·사교적 능력이 가져다준 선물이며, 그의 인품을 형성하는 데 있어서는 그의 매혹적인 미소가 가장 훌륭한 요소가 되어 주었다.

진실한 미소는 보기만 해도 마음이 흐뭇해진다. 그것은 마음속에서 우러나오는 천금의 값어치가 있는 웃음이며 그의 인격을 한껏 높여 준다. 진실한 미소는 상대방을 편하게 하여 마음을 열게 하므로 그의 주위에는 언제나 사람이 따른다. 상대방이 나하고 사귀어서 즐거워지게 하려는 사람은 먼저 상대방과 사귀어서 나 자신이 즐거워할 필요가 있다.

하버드 대학교의 교수였던 윌리엄 제임스는 "동작은 감정에 따라 일어나는 것처럼 보이지만, 사실은 병행하는 것이다. 동작은 의지에 의하여 통제할 수 있지만, 감정은 그렇지 못하다. 그런데 감정은 동작을 간접적으로 조정할 수 있다. 따라서 쾌활함을 잃었을 때 회복하는 최선의 방법은 쾌활하게 행동을 하고 쾌활하게 이야기하는 것이다"라고 하였다.

"친절의 씨를 뿌린 사람은 영속적인 수학을 즐길 것이다."

-작가 미상

칭찬하는 습관을 갖는 방법

1. 자신을 먼저 칭찬하라.
2. 가까운 가족부터 칭찬하라.
3. 친구들을 칭찬하라.
4. 직장 동료를 칭찬하라.
5. 늘 만나는 사람들을 칭찬하라.

우리의 칭찬이 상대방의 마음속에서만
꽃피고 열매 맺는 것이 아니라, 우리의 마음속에서도 열매 맺는다.

Part 04

인생을 바꾸는 기술
칭찬의 스킬로 리더 되기

Chapter 19
예의 바른 사람이 칭찬을 잘한다

"친한 사이일수록 예의를 갖추라"는 말이 있듯이, 바람직한 인간관계를 위해서도 예의를 지켜야 한다. 때로는 이치에 어긋나는 예의도 있다. 이를테면, 아랫사람이 윗사람을 칭찬하는 일이다. 예의를 지킨다는 것은 타인을 배려하는 최상의 수단이다. 그러므로 예의 없는 사람은 인간관계에서 그다지 신용을 얻지 못한다.

남자와 여자가 만나기로 약속하였을 때 남자에게는 지각이 허용되지 않지만, 여자에게는 십 분쯤은 허용된다고 한다. 여성의 지위가 향상된 오늘날에 이것이 무슨 의미가 있을까 싶지만, 어쨌든 인간의 역사가 만들어낸 예절이므로 지켜야 한다. 여유를 가지고 조금은 기다려주는 마음을 가져야 한다.

남자는 여자를 혼자 놔두어 위험한 상황에 빠지게 해서는 안 된다. 결국 세상에 수많은 바람둥이로부터 자신의 여성을 지켜야 하는 필요성에서 이런 매너가 생긴 것일 게다. 그렇다면 여자가 다부지고 남자가 연약한 커플일 때는 어떻게 해야 하는가? 중요한 것은 최소한의 예의를 지키지 않는 사람과는 사귀지 않는 편이 낫다. 이것만큼은 절대적인 원칙이다. 요즘 같은 세상에서는 인간관계와 예절을 배우지 않았다는 말은 통하지 않는다. 언제 어디서나 예의를 지키고 칭찬도 바르게 하는 것이 보다 좋은 인간관계를 만들어가는 방법이다.

우리의 가정과 직장에서 예의 바른 매너는 너무나 중요하다. 예의는 서로의 마음을 열어주는 통로가 되기도 한다. 제대로 지키지 못하면 상대방의 마음의 문을 꽁꽁 잠가두게 한다. 그러므로 다른 사람에게 예의 바르게 행동해야 한다.

여자에게 멋지게 칭찬하는 것도 칭찬을 잘하는 것 중의 하나다. 남자보다 여자가 칭찬해주는 것을 더 좋아한다. 어쩌면 이 말은 남자는 밖으로 표현을 잘하지 않고 여자는 잘 표현하기 때문에 나온 것 같다. 여자에게 칭찬할 때 미모가 예쁘다는 것은 기본이다. 여자에게 현명하다는 칭찬도 좋다. 현명한 여자는 자신을 알아주고 칭찬하니까 좋아하고, 미모가 아름다운 여자는 자신의 다른 면을 인정해주니까 좋아하는 것이다.

오늘날에는 모든 분야에서 여자들이 두각을 나타내고 있다. 남자들보다 현명하고 똑똑하여 어떤 일도 야무지게 해내는 여자가 많다. 미모가 아름다운 여자는 오래가지 못하지만, 현명한 여자는 오랫동안 친분을 유지할 수 있다고 한다. 남자는 아름답고 현명한 여자를 만나는 것이 인생에 큰 도움이 될 것이다.

예쁜 여자는 머리가 모자라고 똑똑한 여자는 미모가 모자란다는 말은 잘못된 말이다. 미모가 아름답고 똑똑한 여자가 많기 때문이다. 똑똑한 여자들은 일도 잘하고 매력도 있다. 똑똑한 여자들은 자신을 가꾸는 법을 알기 때문에 자신 나름대로 멋을 나타내며 살아간다.

남에게 예의 바른 칭찬을 하려면 유쾌한 정신 상태를 유지하는 지혜가 필요하다. 그 지혜를 자기 몸에 익혀보자.

- 쾌활하게 행동하고 생각하며 유쾌한 기분을 유지하라.
- 적에게 보복하려고 생각하지 마라. 상대방보다도 오히려 자신이 다칠 수 있기 때문이다.
- 은혜를 저버리는 행위에 고민하지 마라.
- 은혜를 베풀 때는 다른 어떠한 것도 기대하지 마라. 친절을 베풀 때에는 자신이 베풀 수 있다는 기쁨만을 위하여 베풀라. 칭찬하는 마음은 자연히 생겨나는 것이 아니다. 배워야 가능하다. 그러므로 다른 사람에게 칭찬하는 마음을 갖게 하려면 따뜻한 마음을 행동으로 보여주어야 한다.
- 고민을 헤아리지 말고 축복을 셈하라.
- 다른 사람의 흉내를 내지 말고 인격이 있는 자가 자신이 되자.
- 운명이 우리에게 레몬을 준다면 그것으로 레몬주스를 만들자.
- 다른 사람에게 친절함으로써 자기를 잊어라.
- 사람들의 얼굴에 기쁨의 미소가 보일 수 있도록 착한 일을 하라.

인간관계 속에서 예의가 바른 사람은 모든 면에서 부족함 없이 성실하게 살아간다. 자신의 일에 성실한 사람은 다른 사람에게도 아무런 거짓 없이 성실하게 대한다. 자신에게 성실한 사람이 아무런 꾸밈없이 진실한 마음으로 예의 바르게 남에게 칭찬할 수 있다.

  우리는 언제나 바르게 착하게 선하게 살아가야 한다. 하나님은 우리에게 착한 일을 이미 시작하셨다. 남을 칭찬하는 일도 남에게 착한 일을 하는 것이다.

"친절은 사회를 하나로 묶는 황금 사슬이다."
-요한 볼프강 괴테 Johann Wolfgang von Goethe

예의 바르게 칭찬하는 방법

1. 상대방의 마음을 배려하여 진실한 마음으로 칭찬한다.
2. 있는 모습 그대로 정직하게 칭찬한다.
3. 따뜻한 말로 성의 있게 칭찬한다.
4. 오래 기억되고 남을 수 있는 칭찬을 한다.
5. 마음에서 우러나오는 진심으로 칭찬한다.
6. 아무런 가식이 없이 칭찬한다.
7. 거짓된 꾸밈이 없이 칭찬한다.
8. 서로의 마음을 주고받을 수 있는 기쁨이 있는 칭찬을 한다.
9. 상대방이 감동할 수 있는 칭찬을 한다.
10. 상대방이 고마워할 수 있는 칭찬을 한다.

Chapter 20
칭찬은 상대방을 설득하는 기술이다

현대 사회는 모든 것이 설득 속에서 이루어진다. 인간관계도 리더도 설득하지 못하면 실패한다. 현실의 삶은 설득하느냐, 설득당하느냐의 삶이다. 자신 있게 설득해야 한다.

설득이란 무엇인가? 사람의 마음을 움직이는 것이다. 자신이 원하는 것 곧 자신의 요구를 상대방이 잘 들어주게 하는 것이다. 그러면 설득을 잘하기 위하여 어떻게 대화를 나눌 것인가? 설득을 잘하기 위한 화술의 원칙과 방법이 있어야 한다. 설득은 상대방의 마음을 아는 데서부터 시작한다. 이때 칭찬은 상대방을 잘 설득하게 한다. 칭찬은 상대방이나 자신에게 자신감을 준다. 자신감이 있으면 상대방을 잘 설득할 수 있다.

상대방의 마음을 잘 꿰뚫어 볼 수 있는 것은 능력이다. 설득도 설득하면 할수록 더 잘된다. 실제로 하지 않으면 잘 될지 안 될지 알 수가 없다. 어떤 사람이든지 잘 설득할 수 있어야 설득을 잘할 수 있다. 이 세상에 쉬운 일이 어디에 있는가? 해 보지도 않고 두려워하는 사람처럼 어리석은 사람은 없다.

사람을 잘 설득할 수 있으면 대화에 자신감이 생긴다. 설득은 사람을 상대로 하는 것이다. 사람들은 누구나 감정이 있다. 이 감정을 기분 좋게 하고 이해하게 하면 마음이 움직이기 시작한다. 감성을 기분 좋게 해주어야 다음에도 마음의 문을 열고 다가온다.

그리고 설득을 잘하려면 원칙에 충실해야 한다. 지금 이 상황을 어떻게 이끌어가야 할지를 스스로 판단해야 한다. 자신의 마음속으로만 설득해야 한다고 해서는 안 된다. 상대방에게 온 마음으로 표현하면서 자연스럽게 대화를 풀어가야 한다. 그러면 뜻밖에 일이 잘 이루어질 때가 많다. 그러나 상대방에게 지금 설득하고 있다는 인상을 주면 상대방은 마음의 문을 열려고 하지 않는다.

설득을 잘하려면 인간관계가 잘 형성되어야 한다. 상대방의 마음을 사로잡고 이해를 통하여 좋은 관계를 유지해야 한다. 잘 이해하게 하여 행동하도록 부추겨주면 된다. 처음 대화를 나눌 때면 상대방은 경계심을 갖게 된다. 말을 걸어오는 것만으로도 무슨 말을 할까 마음에 긴장하기 마련이다. 사람의 마음은 불안하면 움직이지 않는다.

그러나 웃음을 잃지 않으면 대부분 그 사람에게 호감을 갖게 된다. 웃는 얼굴이 상대방에게 안심을 주기 때문이다. 사람들은 불안을 주는 사람을 경계하고 다가서지 않는다. 그러므로 친근감을 갖게 해야 한다. 먼저 웃는 얼굴로 말을 해야 한다.

설득을 잘하면 자신감을 갖게 된다. 대화를 나눌 때 자기 혼자 일방적으로 말하면 상대방을 설득할 수 없다. 말하는 것과 듣는 것을 잘 조화시켜야 한다. 일방적으로 혼자만 말하면 상대방은 반발하게 되고, 의욕을 상실하게 되며, 마음의 문을 닫게 되므로 상대방의 말을 잘 들어주어야 그의 마음을 움직일 수 있다.

대화 속에서 설득을 잘하려면 상대방에게 자신이 말하려는 이유를 잘 말해야 한다. 상대방의 눈에 보이듯이 실감나게 말하는 것도 중요하다. 핵심을 잘 짚어 한마디로 깨닫게 하는 것도 설득의 기술이다. 알고 싶은 것을 잘 알게 해주고, 어떻게 하는 것이 좋은 방법인지 알려주는 것도 중요하다. 그러므로 아래의 세 가지를 기억해 두자.

- 설득할 사람이 처한 형편을 잘 알아야 한다.
- 설득할 사람이 무엇을 소중하게 여기는지 알아야 한다.
- 설득할 사람의 기호와 관심사를 알아야 한다.

사람을 잘 설득할 수 있으면 그만큼 자신도 대화에 성숙할 수 있다. 설득을 잘할 수 있으면 자신감이 생긴다. 설득을 잘하면 주변 사람에게 인정받고 사람의 마음을 읽을 수 있어 인간관계가 좋아지고 마음이 넓어진다. 그러나 설득할 때 자신의 능력만 일방적으로 믿고 잘난 척하며 상대방을 깔보는 사람은 누구든지 싫어할 수밖에 없다. 아무리 능력이 있어도 사람들에게 미움을 받으면 어떤 일도 할 수 없을뿐더러 설득도 거절당한다.

 설득을 잘하려면 상대방을 진심으로 대하고 사랑하는 마음을 가져야 한다. 자신의 호의가 상대방에게 전달되어야 좋아하게 된다. 남을 좋아하기가 그리 쉽지 않겠지만, 모든 사람에게는 누구나 단점이 있다는 것을 알아야 한다. 그리고 상대방에게 완벽을 원하면 원할수록 불만이 보일 수가 있다. 그러므로 상대방을 잘 설득하려면 그의 모든 것을 포용해주어야 한다.

 사람과 사람이 서로 얽혀 사는 이 세상에서 가장 중요한 것은 사람들에게 좋은 인상을 심어주는 것이다. 설득이 잘 안 될 때는 순간적인 대응을 잘해야 한다. 준비도 중요하지만, 이런 때에는 상대방의 마음을 파고드는 말 한마디가 더 중요하다. 그리고 긴장하지 말고 상황을 잘 파악하여 긍정적으로 받아들이도록 유도를 이끌어야 한다.

 우리의 삶에는 아직도 이해하기 어려운 문제나 설명이 너무 많다. 이런 문제들 때문에 설득하기 어렵다는 생각은 버려야 한다. 이 세상에는 안 될 일이 없다. 편안한 마음으로 하나씩 해결해 나가면 이 세상에서 설득하지 못할 일은 하나도 없다. 자신 있게 남을 설득하라. 설득을 잘하면 무슨 일이든지 잘할 수 있는 용기가 생긴다. 삶에 자신감이 더 놀랍게 생겨난다. 설득을 잘하면 능력 있는 삶을 살 수 있다.

설득을 잘하면 사람과 사람 사이의 거리감을 좁힐 수 있다. 메마른 마음들을 촉촉하게 적셔주는 역할을 하게 된다. 만나고 싶은 사람들과 만나 한바탕 떠들고 나면 마음이 후련해진다. 대화는 유연한 감성을 만들어주고 삶을 살고 싶은 마음을 만든다. 대화로 서로 신뢰하고 진심을 다한 따뜻한 마음을 주고받아야 한다.

> "칭찬은 금이나 다이아몬드 같이 희귀성에 그 가치가 있다. 흔하고 저속한 칭찬은 그의 가치를 하락시키며 더는 칭찬을 기대하지 않게 할 뿐 아니라, 칭찬을 받아도 고맙게 생각하지 않는다."
> −새뮤얼 존슨 Samuel Johnson

상대방을 설득하는 5가지 방법

1. 상대방의 마음을 읽어야 한다.
2. 상대방의 말을 먼저 들어준다.
3. 상대방이 자신의 요구를 들어주게 한다.
4. 상대방의 눈에 생생하게 보이도록 현실감을 준다.
5. 상대방에게 구체적인 방법을 제시해 동의를 얻어낸다.

Chapter 21
지나친 칭찬은 역효과를 불러온다

칭찬을 할 때 지나친 칭찬은 역효과를 불러온다. 예를 들면, "가장 좋은 것", "끝내주는 것", "최고로 멋진 것" 등이다. 상대방이 지나친 칭찬을 받게 되면 마음에 부담을 느끼게 되고 칭찬하는 사람이 무언가 다른 속마음이 있지 않나 하는 의구심을 품게 된다. 지나친 칭찬은 공치사처럼 들릴 수 있다. 칭찬에 걸맞지 않은 행동을 유발할 수도 있다. 칭찬도 진실하게 정직하게 하는 칭찬이 바른 칭찬이다.

농담 삼아 칭찬하거나, 희롱하듯 조롱하듯이 칭찬하거

나, 놀리듯이 칭찬을 하면 그것은 칭찬이 아니라 남을 놀리는 것이다. 우리는 진실하게 행동해야 한다. 우리는 상대방에게 놀림을 받거나 장난감처럼 취급당한다는 느낌을 받게 해서는 안 된다. 겉치레 칭찬은 칭찬이 아니라, 조롱일 뿐이다. 무엇이든지 순리대로 이루어져야 한다. 강제적으로 억지로 가장하는 것은 언제나 문제를 일으킨다. 그러므로 상대방을 있는 모습 그대로 보고 순수한 마음으로 그에게 칭찬받을 만한 부분을 진심으로 칭찬해주는 것이 효과적이다. 거짓은 언제나 진실이 나타나면 도망쳐버린다. 인간관계에서는 진실한 마음이 기본이다. 칭찬할 때도 진실함이 기본이다. 이런 진실함이 우리의 몸에 배어 있어야 한다.

마사 워싱턴Martha Dandridge Custis Washington이 이런 말을 하였다. "나는 우리의 행복이나 불행의 대부분이 우리의 상황에서 나오는 게 아니라, 우리의 태도에서 비롯되는 것임을 경험으로 알게 되었다." 우리의 삶에 우리가 어떤 태도로 대처하느냐에 따라 우리 삶의 모습은 달라진다. 비가 내리면 온 대지를 적셔주지만, 비가 지나치게 내리면 홍수가 되어 모든 것을 휩쓸어가 버린다. 칭찬도 사실을 있는 그대로 마음에서 우러나오는 진심으로 할 때 그 의미와 뜻을 다하게 된다. 지나치면 모든 것이 사라져버린다.

칭찬은 대화 중에 화장을 하는 것과 같다. 곱게 화장을 했을 때가 아름답다. 그러나 화장 자체가 본래의 모습을 다 지워버리는 것은 아니다. 본래의 모습을 더 아름답게 한다. 그러므로 진실하게 칭찬하는 것이 중요하다. 이제 잘못된 칭찬을 버리자.

- 칭찬받는 일이 전혀 없는 사람을 칭찬한다.
- 가식적으로 칭찬한다.
- 겉치레하는 말로 칭찬한다.
- 섣부른 칭찬을 한다.
- 사실과 다르게 거짓으로 칭찬한다.
- 칭찬의 시간이 잘 맞지 않는다.
- 거창하고 대단한 것처럼 칭찬한다.
- 결점을 칭찬한다.
- 겉과 속이 다르게 칭찬한다.
- 똑같은 칭찬을 한다.

지난날 칭찬받은 것에 매달려 있지 마라. 세상은 날마다 새로운 변화를 시도하고 또 변하고 있다. 그런데 만약 지난날에 자기가 잘한 일에 칭찬받았던 것에 만족하고 안주하려 한다면 발전할 수 없다. 지난 성공에 만족하고 자만심을 가지고 있다면 사고의 변화를 주지 못하며 더 큰 성공을 창출해내지 못한다. 또한 자신이 성공하려는 목표에 달성하지 못한다.

어제의 해법이 내일의 성공을 위한 유일한 열쇠라고 믿는 사람이 많다. 그러나 세상은 계속 변하고 있기 때문에 새로운 시도를 하지 않으면 도태될 수밖에 없다. 성공한 사람들도 마찬가지다. 쓰러진 회사들 중에는 과거에 떠들썩하게 성공했던 회사도 있다. 성공은 좋은 것이지만 그냥 주저앉아 있으면 실패나 다를 바 없다. 혼자서 넋두리만 계속할 뿐이다. "전에는 좋았는데! 아주 좋았는데!" 우리는 과거에서 벗어나 늘 새로운 변화를 일으켜야 한다. 물도 고여 있으면 썩고 만다. 흐르는 물에 생명이 있다. 정직한 칭찬은 사람들의 마음에 기쁨과 감동을 만들어 놓는다.

우리가 다른 사람에게 기쁨을 주는 것은 생각보다 쉬운 일이다. 대부분의 사람은 작은 것에도 감동을 받으며 살아간다. 카드 한 장, 꽃 한 송이, 쪽지 하나, 이메일, 점심식사, 한 잔의 커피, 말 한마디로 표현되는 감사와 칭찬이면 때로는 날아갈 듯이 기뻐한다. 우리가 순수하게 상대방을 대하면 상대방은 아주 작은 것에 큰 기쁨을 받는다.

"친절은 벙어리가 말할 수 있는 언어요, 귀머거리가 들을 수 있고 이해할 수 있는 언어다."
―크리스천 네스텔 보비Christian Nestell Bovee

역효과를 불러오는 칭찬

1. 속임수가 있는 거짓으로 하는 칭찬.
2. 사탕발림 같은 순간적 충동만을 주는 칭찬.
3. 기분을 붕 뜨게 만드는 뜬구름 잡기 같은 칭찬.
4. 칭찬했다가 뒤돌아서서 욕하는 칭찬.
5. 잘 모르면서도 잘 아는 것처럼 하는 칭찬.
6. 알맹이 없고 실속 없는 칭찬.
7. 눈속임하는 듯한 칭찬.
8. 순간적인 발상에서 나온 칭찬.
9. 뻔히 알고 있는 것을 덮으려는 잘못된 칭찬.
10. 아무런 의미가 없는 칭찬.

Chapter 22
칭찬받는 방법을 익히라

우리가 다른 사람으로부터 칭찬받으며 살아가는 것은 행복한 일이다. 이것은 다른 사람이 우리의 삶을 바라보며 좋아하고 있다는 것이며, 우리가 하고 있는 일에 최선을 다하고 있다는 것을 다른 사람도 알고 있다는 것을 나타내는 것이다. 칭찬을 받으면 일한 보람을 느끼고 삶에 의욕과 기쁨이 넘치게 된다. 남을 즐겁게 하는 것은 참으로 의미 있는 삶을 살아가는 것이다.

칭찬받을 때도 잘 받아들여야 한다. 칭찬을 잘 받아들이는 것도 삶을 잘 살아가는 방법의 하나다. 칭찬을 받는 일에 여유 있는 모습은 보기도 좋다. 하지만 칭찬받는 것에 서투르면 칭찬해주는 사람이 도리어 무안해질 수도 있다. 상대방이 칭찬해줄 때는 그의 진심을 받아주어야 한다. 칭찬해주는 데 부인만 하거나 거부만 한다면 그것은 잘못이다. 자신의 생각에는 겸손일지 몰라도 상대방에게는 그렇지 않다.

또한 행동을 우물쭈물하면 칭찬하는 사람이 도리어 어리둥절할 수도 있다. 남이 칭찬해줄 때 기쁜 마음으로 감사함으로 자연스럽게 받아들이는 모습이 아름답다. 상대방은 칭찬을 진심으로 하는 데 어색한 행동을 취하면 칭찬하는 사람도 입장이 난처해져서 두 사람의 관계가 도리어 어색하거나 서먹서먹해질 수 있다.

칭찬을 많이 받는 사람은 성격이 밝고 적극적이다. 그러나 잘못하면 주위를 잘 살피지 않는 단점을 만들 수도 있다. 자신이 칭찬받을 때 누군가는 비교의 대상이 되어 야단을 받을 수도 있다는 것을 알아야 한다. 그러므로 칭찬받을 때 주위의 다른 사람의 마음도 헤아릴 수 있는 넓은 마음을 가져야 한다. 또한 자신이 상대방을 칭찬할 때도 온 마음으로 칭찬해줄 수 있는 마음가짐이 있어야 한다.

누구든지 칭찬을 받으면 마음이 따뜻해지고 행복해진다. 하지만 그만큼 자신을 살펴보고 잘못된 점을 점검하는 기회로 삼는 것이 좋다. 그렇지 않으면 자신도 알지 못하는 사이에 주변에 자신을 경계하며 싫어하고 거리를 두려는 사람들이 생겨날 수 있다.

칭찬은 말 그대로의 칭찬이지만, 격려의 성격을 담고 있다. 그러므로 지적하고 야단을 치는 것보다 칭찬해주는 것이 효과적이다. 이때 칭찬받는 사람은 그 칭찬한 사람이 더 큰 눈으로 자신을 바라보고 있다는 것을 기억해야 한다.

사람들은 다른 사람에게 칭찬을 많이 받는 사람보다 남에게 칭찬을 자주 해주는 사람에게 더 가까이 하려고 한다. 그것은 칭찬이 그만큼 사람의 마음을 움직이기 때문이며, 사람들이 칭찬을 좋아하기 때문이다.

우리는 칭찬에 인색하지 말자. 칭찬받는 것도 자연스럽게 받자. 기분 좋은 칭찬을 들었다면 감사의 말로 답례하자. 상대방이 좋은 마음으로 칭찬을 해주었는데 받는 사람이 별 반응도 없고 시무룩하다면 칭찬한 사람이 도리어 무한해지기 때문이다. 사람은 언제나 조화를 잘 이룰 줄 아는 넉넉한 마음을 갖고 있어야 한다.

다른 사람에게 칭찬받을 때 어떤 태도를 나타내는지를 보면 그 사람에 대하여 많은 것을 알 수 있다. 유달리 칭찬받는 것에 대하여 어색하거나 당황스러워하는 사람들이 있다. 자신은 칭찬받을 만한 자격이 없다고 생각하기 때문에 아예 상대방의 말을 부정한다. 이런 사람들은 한편으로는 칭찬받기를 갈구하지만, 다른 한편으로는 칭찬받는 것을 거부하는 이중성이 있다. 자존심이 부족한 사람들이 특히 이런 이중성 딜레마에 빠지기 쉽다.

그들은 이렇게 말한다. "누가 했더라도 이 정도는 했을 것입니다!", "혹 농담이 아닙니까?" 물론 상대방은 이런 반응을 겸손으로 받아들일 수도 있다. 그러나 정도가 지나치면 오히려 상대방의 호의를 무색하게 만들고 어쩌면 '이 친구, 겸손이라고 하기에는 너무 심하군. 혹시 내 말을 비꼬고 있는 게 아니야'라는 생각을 하게 될지도 모른다.

사람들은 자신에 관한 것보다 자신이 한 일에 대해서 칭찬 듣는 것을 더 편하게 생각한다. 누군가 자신의 셔츠가 멋지다고 하면 고맙게 받아들인다. 그러나 그 셔츠가 자신에게 잘 어울린다고 하면 그 말은 극구 부인하는 사람이 있다. 단지 칭찬뿐만 아니라, 사람들이 자신에게 너무 잘 대해주는 것까지 불편해한다. 심지어 식당에서 웨이터가 매우 친절하게 대해주어도 당황한다. 어처구니없게도 그런 서비스가 자신에게 과분하다고 생각하기 때문이다. 자신을 향한 좋은 감정을 그대로 받아들이지 못하고 그 사람의 마음마저 언짢게 만드는 잘못된 습관을 고치기 위해서는 "고맙습니다"라는 말로 간단하게 받아넘기는 지혜가 필요하다.

누군가 '과장된' 칭찬의 말을 쏟아 붓건, 단순히 자신의 옷을 칭찬하건 어떤 경우에라도 그냥 밝은 미소와 함께 "고맙습니다"라고 대답해주면 된다. 빈말이나 아첨이 아닌지, 아니면 무언가 숨겨진 의도가 있는 것은 아닌지 의심부터 할 필요는 없다. 상대방이 칭찬할 때 계속해서 거부하게 되면 당신은 사람들에게 그런 사람으로 알려지게 된다.

자신의 모습을 보며 나는 다른 사람에게 칭찬이 인색한 사람은 아닌지 한 번쯤 생각해 보아야 한다. 칭찬받는 것을 불편해하는 사람은 다른 사람을 칭찬하는 것도 어색해하는 법이다. 자신이 얼마나 자주 격려와 칭찬의 말을 주위 사람에게 건네는지 떠올려 보라. 그런 기억이 많지 않다면 지금부터라도 만나는 사람들에게 칭찬할 만한 것을 찾아내어 그에게 칭찬을 해 보라. 이것은 다른 사람이 칭찬을 얼마나 자연스럽게 받아들이는가를 배우기 위한 좋은 방법이며, 다른 사람을 칭찬하는 방법을 훈련하기에도 좋은 방법이다.

"당신은 정말 존경스럽군요."
"당신처럼 그렇게 배우는 법을 배우고 싶습니다."
"당신 같은 사람은 본 적이 없습니다."

거부감을 불러일으키거나 지나친 아부처럼 느껴지지 않도록 주의하기만 한다면 당신의 칭찬 한마디가 주위 사람들의 마음을 즐거움으로 가득 차게 만들어 줄 것이다. 진심 어린 칭찬을 기쁘게 받아들이지 않을 사람은 없다.

런던에서 한 소년이 건재상의 점원으로 어렵게 살아가고 있었다. 그는 새벽 5시에 일어나서 가게를 청소하고 하루에 열네 시간씩 노예처럼 일했다. 매일의 일과가 진절머리가 나도록 단조롭기만 했다. 2년 후 그는 더 이상 참을 수 없었다. 어느 날 아침, 그는 일어나자마자 먼 거리를 화가 나서 걸었다. 미칠 것만 같은 마음을 어머니에게 쏟아 놓으며 울었다. 그는 가게에서 일하느니 차라리 죽고 싶다고 했다. 그리고 그는 자신이 다녔던 학교의 교장 선생님에게 죽고 싶다는 비관적인 편지를 써서 보냈다. 편지를 받은 교장 선생님은 그에게 칭찬과 함께 지식이 많은 그가 지금 하는 일보다 더 나은 일을 해야 함이 마땅하다고 하면서 그에게 교사가 되어 보지 않겠느냐고 물었다.

교장 선생님의 칭찬은 아픔에 시달리고 있던 그 소년의 삶을 완전히 바꾸어 놓았다. 그를 영문학사에 길이 남을 유산으로 남게 하였다. 그는 수없이 많은 베스트셀러를 썼다. 그가 바로 펜 하나로 백만장자가 된 허버트 조지 웰스Herbert George Wells다. 이처럼 칭찬 한마디가 삶을 새롭게 변화되게 한다. 이 칭찬의 주인공이 우리가 되어야 한다.

"친절한 마음은 그의 주변을 신선하게 만들어 모든 것을 웃음의 동산으로 만드는 기쁨의 샘이다."
-워싱턴 어빙Washington Irving

칭찬이 우리에게 주는 효과

1. 우리에게 자신감을 준다.
2. 우리의 삶이 잘 성장하도록 해준다.
3. 모든 일에 의욕을 만들어준다.
4. 삶의 방향을 새롭게 해준다.
5. 우리 주변을 밝게 만들어준다.
6. 마음이 따뜻해진다.
7. 마음이 넓어진다.
8. 긍정적인 삶을 살아가게 한다.
9. 적극적인 삶을 살아가게 한다.
10. 인간관계를 잘 이루어가게 해준다.

Chapter 28
탁월한 리더는 칭찬을 잘한다

탁월한 리더는 칭찬을 잘한다.

훌륭한 리더는 상대방을 탁월한 방법으로 칭찬한다. 칭찬을 듣는 사람을 사로잡는다. 탁월한 리더는 칭찬을 통하여 사람들을 이끌어간다. 혼자가 아니라 함께하고 있다는 것을 분명하고 확실하게 인식시켜주고 일한 보람과 소득을 함께 나눌 줄 안다. 탁월한 리더는 칭찬을 통하여 사람들을 모으고 그들이 무엇을 해야 할지 가르쳐주고 깨닫게 한다. 리더가 되려면 남을 먼저 배려하는 마음을 가져야 한다.

또한 탁월한 리더는 칭찬으로 사람들에게 능력을 발휘하

게 한다. 이런 리더는 다른 사람과 칭찬하는 방법이 다르다. 우리는 남을 칭찬해주는 일에 인색할 때가 많다. 그러나 칭찬이 큰 힘이 되는 것을 알아야 한다. 칭찬도 해본 사람이 잘한다. 다른 사람의 단점을 먼저 보게 되면 칭찬보다는 비판이나 불평이 나온다. 그러므로 남의 장점을 먼저 볼 줄 아는 안목을 가져야 한다.

칭찬은 상대방에게는 일의 성취감을 느끼게 해주고 주변 사람에게는 분발할 기회를 갖게 하는 계기가 되도록 해야 한다. 칭찬이 지나쳤을 때는 분위기가 썰렁해질 수도 있다. 그러나 탁월한 리더는 칭찬을 잘 조절할 줄 안다. 무엇이든지 지나치면 하지 않은 것보다 못하다.

칭찬은 사람들의 마음을 얻게 하고 인간관계를 돈독하게 한다. 칭찬은 멋진 리더, 능력 있는 리더로 만들어준다. 탁월한 리더라고 한다면 칭찬으로 사람들에게 의욕을 불러일으킬 수 있어야 한다. 그 사람의 장점을 발견하여 그것을 살려줄 수 있어야 한다. 사람은 단점만 지적당하면 누구나 위축될 수밖에 없다. 그리고 혼자만 지적당하는 것은 마이너스 요인으로 작용한다. 그러면 노력하고 싶은 마음도 사라진다. 그러나 리더가 장점이나 특기를 칭찬해주면 그 사람은 기대를 받고 있다고 생각하여 더 의욕적으로 일하게 된다. 의욕을 가지고 일하면 재미가 있고 즐겁다. 즐거운 일은 더 기대되고 놀라운 성과를 나타낸다. 탁월하게 칭찬하는 방법은 다음과 같다.

첫 번째, 칭찬을 사람들 앞에서 한다.

누구나 칭찬을 받으면 기분이 좋아지고 이 사실을 남에게 알리고 싶어 하고 자랑하고 싶어 한다. 그렇지만 이 사실을 자신이 직접 말한다는 것은 좀 어색하고 부끄러운 일이다. 따라서 리더가 그 역할을 해주는 것이다. 이 방법은 칭찬의 효과를 한층 더 높게 한다.

두 번째, 의외성의 칭찬을 한다.

회사 안에서 우연히 복도에서 만났을 때, 식당 같은 곳에서 마주치게 되었을 때 갑자기 생각이 떠오른 것처럼 칭찬을 해준다. "참! 자네 지혜롭군. 어제의 일은 멋지게 잘했네. 다음 일도 자네에게 부탁하고 싶군. 신뢰가 가네!" 하면서 우연하게 의외성으로 칭찬을 해주면 효과가 크다.

세 번째, 짧고 간결하게 칭찬한다.

한 가지의 사실을 가지고 여러 번 길게 칭찬하면 칭찬의 말이 뒤범벅되고 만다. 그리고 상대방에게는 확실한 인상을 심어줄 수 없다. 간결하고 짧게 칭찬해주는 것이 더 깊은 여운을 남겨주기 때문에 더 좋은 결과를 낳게 한다.

네 번째, 아주 사소한 일부터 칭찬한다.

작은 일에 대해서 칭찬에 인색하면 큰 성과를 나타냈을 때 칭찬을 해도 효과를 보지 못할 수도 있다. 아주 작고 사소한 일도 칭찬을 아끼지 않는다면 큰 성과에는 큰 칭찬으로 상대방의 마음을 기쁘게 해줄 수 있다.

다섯 번째, 상대방의 주위의 부차적인 것들을 칭찬한다.

칭찬을 잘못하면 겉치레 인사나 아부가 될 수 있다. 상대방의 가족이나 취미 등 그 사람과는 직접적인 관계가 없는 것부터 가볍게 칭찬을 시작해 점점 본론적인 것을 칭찬한다.

리더가 쉬운 것은 아니다. 누군가를 이끌려면 먼저 자기 자신부터 잘 관리하고 다스려야 한다. 리더는 기꺼이 희생

할 준비가 되어 있어야 리더로서 가치가 있다. 리더의 위치가 분명해야 칭찬을 해도 그 가치가 있게 된다.

심리학자인 제시 레어 Jesse Lair는, "칭찬은 따뜻한 인간의 정신에 대한 샛별과도 같아서 우리는 칭찬 없이는 자라지도 꽃 피지도 못한다. 그럼에도 대부분은 다른 사람에게 걸핏하면 비난이란 찬바람을 퍼붓기 일쑤이고 우리와 함께 살아가는 사람들에게 칭찬이라는 따뜻한 햇볕을 주는 데 인색하다"라고 하였다. 우리가 남을 사랑해야 나 자신도 사랑받을 수 있다. 남을 사랑하고 칭찬하면 당신이 있는 곳이 더욱 좋은 환경으로 변화될 수 있다.

19세기 초 런던의 한 청년이 작가가 되기를 소망하였다. 그러나 모든 것이 그의 뜻과는 반대인 것만 같았다. 그는 학교도 4년 이상을 다녀 본적이 없었다. 이 청년은 아버지로부터 물려받은 빚을 갚지 못해 감옥에 들어갔고 그 자신도 배고픔의 고통을 자주 맛보아야 했다. 마침내는 이 청년은 쥐가 득실거리는 창고에서 잉크병에 상표를 붙이는 일자리를 구하게 되었고, 밤에는 런던 빈민가를 떠돌아다니는 거지 두 명과 함께 음침한 다락방에서 잠을 잤다. 이 청년은 자신의 글재주에 너무나 자신이 없었기 때문에 다른 사람의 웃음거리가 되지 않으려고 한밤중에 몰래 밖으로 나가 자신이 쓴 첫 원고를 잡지사에 우송했다. 그러나 보내는 글마다 퇴짜를 맞았다.

마침내 한 편의 글이 받아들여진 어느 날이 찾아왔다. 물론 원고료는 한 푼도 못 받았지만, 잡지사의 편집자가 그를 칭찬해주었다. 그를 인정해준 것이다. 이 청년은 너무나 감격한 나머지 두 뺨 위로 눈물을 흘렸다.

한 편의 글이 인쇄됨으로 이 청년이 받은 칭찬과 인정은 그의 삶을 바꾸어 놓았다. 만약 그런 격려가 없었다면 그는 평생을 쥐가 들끓는 공장에서 일하며 지냈을지도 모른다. 또한 우리는 이 청년의 이름을 들어볼 수도 없었을 것이다. 그의 이름은 찰스 디킨스 Charles Dickens 다.

우리 모두는 감사와 인정을 바란다. 그것을 위해서 사람들은 무슨 일이든지 한다. 그러나 위선이나 입에 발린 칭찬을 바라는 사람은 아무도 없다.

토머스 앨바 에디슨이 67세 때의 일이다. 멘로 파크 Menlo Park에 있는 그의 보험에도 들어놓지 않은 공장에 불이나 삽시간에 싸늘한 잿더미로 변해버렸다. 그런 에디슨에게 헨리 포드Henry Ford가 나타나 75만 달러짜리 수표를 내밀며 이자는 받지 않을 테니 돈이 더 필요하면 언제든지 말하라고 하였다. 당시 헨리 포드는 성공한 공장주였고, 에디슨은 저명한 발명가로 정평이 나 있었다. 포드가 왜 그렇게 관대하고 너그러웠을까? 그것은 포드가 젊은 발명가였을 때 에디슨은 전동차에 대한 연구로 바쁜 나날을 보내고 있었다. 바로 그때 에디슨은 포드가 자동차 가솔린 엔진에 대한 연구를 하고 있다는 것을 알았다. 한 번은 포드가 에디슨을 찾아가서 자동차가 어떻게 작동하는지에 대한 많은 질문을 했다고 한다.

그때 포드가 자리에서 일어서려고 할 때 에디슨이 포드에게 "이보게 자넨 지금 대단한 일을 하는 것 같군. 자네에게 그 일을 더 열심히 하라고 적극적으로 권유하고 싶네. 앞으로 우리나라의 교통수단 분야에서 획기적인 혁명이 일어날 것으로 확신하네!"라고 말해주었다고 한다. 후에 포드는 에디슨이 해준 칭찬과 격려의 말이 가솔린 엔진을 개발하는 데 있어 더욱 새로운 노력을 기울이도록 하는 데 적잖은 격려가 되었다고 하였다.

우리가 하는 일이 현재로는 그다지 중요하지 않을 수도 있다. 그러나 실은 그 일이 얼마나 중요한지 까맣게 모르고 있는지도 모른다. 우리는 다른 사람을 칭찬하고 격려하는 삶을 살아가야 한다. 남을 축복하면 나도 축복을 받는다.

　오늘이 없으면 내일이 없다. 오늘에 최선을 다하는 사람이 내일의 열매를 얻을 수 있다. 우리가 남에게 베푼 착한 일들이 그들의 마음속에서만 꽃피고 열매를 맺는 것이 아니라, 우리의 마음속에서도 열매를 맺는다. 그러므로 우리는 말을 생각하며 해야 한다.

"하나님은 친절한 사람에게 자비를 베푸신다."
－모로코Morocco 속담

탁월한 리더가 되는 방법

1. 꿈과 비전을 확실하게 말하라.
2. 칭찬과 격려의 말을 자주 사용하라.
3. 신뢰감과 믿음을 형성시켜라.
4. 자신의 능력을 발휘하라.
5. 모든 일에 활기차고 목표가 분명한 사람이 되라.
6. 진실하게 마음을 표현하라.
7. 사람들을 대할 때 미소를 지어라.
8. 개인의 자질을 인정해주라.
9. 일에 대한 자부심을 심어주라.
10. 공평하게 대우를 해주라.
11. 고민이나 불평불만을 경청해주라.
12. 만나는 사람들에게 그들 스스로가 중요한 존재임을 알려주라.

Chapter 24
칭찬을 해주면 칭찬을 받는다

우리가 남을 칭찬해주면 우리
도 칭찬을 받게 된다. 누구나 자기를 이해해주고 알아준다면 싫어할 사람은 한 사람도 없을 것이다. 그러므로 상대방의 좋은 점을 칭찬해주는 것은 참으로 즐거운 삶의 시작이다. 다른 사람을 칭찬해주면 나는 비참해질 수 있다는 생각은 잘못된 고정관념이다. 상대방을 칭찬해주면 그 사람을 주위에서 좋게 보는 것은 당연하다. 그러나 중요한 것은 칭찬해주는 사람도 사람들에게 좋은 인상을 주게 되며 신뢰를 얻게 되고 사람들과 좋은 인간관계를 만들어가는 좋은 기회를 만드는 것이다.

그러나 상대방을 비방하고 불평하면 듣는 사람들은 그 사람을 멀리하게 된다. 이와 같은 일은 자신의 가치를 떨어뜨릴 뿐이다. 그러므로 비방이나 불평하기보다는 상대방의 장점을 찾아 칭찬해주는 습관을 몸에 배게 해야 한다. 다른 사람을 비판하지 말아야 하는 이유는 무엇 때문일까?

- 비판은 악순환을 가져오기 때문이다.
- 나는 타인이나 그 타인의 사정을 모르기 때문이다.
- 나는 형제의 눈 속에 있는 티에 대하여 공평할 수 없기 때문이다.
- 나는 형제의 눈 속의 티를 비판할 만큼 의인이 아니기 때문이다.
- 잘못된 비판은 하나님의 벌을 초래하기 때문이다.
- 비판하면 외식자, 위선자가 되기 때문이다.
- 오직 공의로운 하나님만이 심판할 수 있기 때문이다.

남을 비판한다는 것은 자신의 마음 상태가 교만하고 오만하며 자만하다는 것을 나타낸다. 비판은 상처만 남길 뿐이다. 비판받은 사람은 상대방을 비판하게 된다. 누구나 자기가 당한 것을 잊지 않고 되갚아주고 싶어 하는 충동이 일어나고 행동으로 옮기고 싶어 한다. 이것이 반복되면 바른 인간관계를 맺을 수 없을뿐더러 성공할 수 없다. 그러므로 남을 비판하는 것보다 칭찬과 격려를 통한 올바른 판단이 필요하다. 자신의 행동과 말 때문에 상처받는 사람은 자신의 곁을 떠날 수도 있다는 것을 기억해야 한다. 우리 때문에 행복한 사람들이 많아지는 것은 옳은 일이지만, 불행한 사람이 단 한 사람이라도 생겨나는 것은 참으로 가슴 아픈 일이다. 그래서 토마스 아 켐피스Thomas à Kempis는, "네가 너 스스로 원하는 사람이 되지 못하거늘 다른 사람이 네가 뜻하는 사람이 되지 못한다고 화내지 마라"고 하였다.

랍비는 어느 구두 수선하는 사람의 집에서 하룻저녁을 보내면서 깨달음을 얻었다고 한다. 밤이 늦을 무렵 그 사람은 다 꺼져가는 촛불 앞에서 열심히 일하고 있었다. 랍비는 그에게 물었다. "왜 여태껏 일하고 계십니까? 얼마나 늦은 시간인지 보십시오. 촛불이 그만 꺼지려고 합니다." "늦은 시간이지요" 하고 구두 수선하는 사람이 동의했다. "그러나 촛불이 타고 있는 한 아직 수선할 수 있습니다."

우리에게는 누구나 부족함이 있다. 그러나 마음에 사랑

이 불타고 있는 한 남을 배려해줄 수 있고 칭찬해줄 수 있다. 그러므로 서로 간에 허물을 덮어주고 감싸주는 마음이 필요하다. 삶을 살아가면서 비판을 극복하는 방법 일곱 가지를 소개한다.

- 자신의 들보를 먼저 보라.
- 이기심과 교만한 마음을 버려라.
- 입장을 바꾸어 놓고 생각하는 훈련을 해라.
- 타인에게서 장점을 발견하는 습관을 길러라.
- 주는 자가 되라.
- 비판자를 도리어 축복하고 사랑하라.
- 예수 그리스도의 마음으로 기도하라.

우리의 마음에 화가 나 있거나 불만과 불평이 있을 때는 남을 칭찬하기보다는 불평하고 비난하게 된다. 그러나 분노도 시간이 지나면 사라진다. 화를 내고 남을 비판해서 이익을 얻은 사람은 없다. 물론 사람의 마음에서 분노나 비판하고 싶은 마음을 없앨 수는 없다. 그러나 사람을 사랑하고 영혼을 사랑하며 사랑으로 허물을 덮어주면 우리의 삶이 달라진다. 비판할 때도 다른 사람이 기분이 나쁘지 않도록 지혜롭게 해야 한다. 비판할 때 상대방의 기분을 상하지 않도록 아래와 같이 해 보라.

- 먼저 칭찬부터 해라.
- 단 한 번만으로 끝내라.
- 부분을 지적하고 강조하라.
- 은밀히 하라.
- 지나치게 간섭하지 마라.
- 위로의 말로 끝맺어라.

우리는 남을 함부로 비판해서는 안 된다. 《성경》의 가장 심오한 가르침 가운데 하나는 남을 비판하기 전에 그 사람의 신을 신고 1마일만 가보라는 말씀이다(참조. 마태복음 5:41). 따라서 동료나 가족을 비판하고 싶은 유혹을 느낄 때면 자문해 보아야 한다. "내가 지금 이 사람을 비판하고 있는 행동은 나 자신도 이따금 보이는 것은 아닐까? 그리고 다른 사람이 나와 다른 방식으로 행동한다고 해서 그들이 틀렸다고 말할 수 있는 것일까?" 이처럼 다른 사람이 살아가는 생활을 진지하게 고려하다 보면 더 나은 행동을 하는 법을 배우게 된다. 《성경》에서는 비판에 관해 이렇게 말씀하고 있다.

"비판을 받지 아니하려거든 비판하지 말라" 마태복음 7:1

"어찌하여 형제의 눈 속에 있는 티는 보고 네 눈 속에 있는 들보는 깨닫지 못하느냐" 마태복음 7:3

"형제들아 서로 비방하지 말라 형제를 비방하는 자나 형제를 판단하는 자는 곧 율법을 비방하고 율법을 판단하는 것이라 네가 만일 율법을 판단하면 율법의 준행자가 아니요 재판관이로다" 야고보서 4:11

"입법자와 재판관은 오직 한 분이시니 능히 구원하기도 하시며 멸하기도 하시느니라 너는 누구이기에 이웃을 판단하느냐" 야고보서 4:12

"자기의 이웃을 은근히 헐뜯는 자를 내가 멸할 것이요 눈이 높고 마음이 교만한 자를 내가 용납하지 아니하리로다" 시편 101:5

사람들은 칭찬을 해주면 마음을 연다. 그때 작은 지적과 비평을 한다면 생각보다 잘 받아들이게 된다. 왜냐하면 처음부터 지적하고 비평하면 상대방은 마음의 문을 닫아버리기 때문이다. 그래서 윌리엄 서머싯 몸도, "사람들이 자신을 비판해 달라고 하지만, 그들은 칭찬을 원할 뿐이다"라고 말하였다. 그러므로 칭찬은 세상을 환하게 하는 햇빛과 같다.

영국의 작가이며 평론가인 새뮤얼 존슨이 언젠가 많은 사람에게 알려진 외과의사에게 어떻게 해서 의사가 되었느냐고 물어보았을 때 그는 말하였다.

"나는 난폭하고 다루기 어려운 아이였습니다. 내가 고등학교 3학년 재학 중에 막 퇴학을 당하려고 할 때 어떤 선생님께서 나에게 잊지 못할 말을 해주었습니다. 여러 선생님의 비난의 말들 속에서 그 여선생님의 말이 또렷하게 들렸습니다. '너는 참으로 놀랍고 민감한 손을 가졌구나. 틀림

없이 너는 그 손으로 중요한 일을 할 거야.' 이 말 때문에 나는 학교를 끝까지 다닐 수 있었습니다. 그리고 후에 외과 의사가 되기로 결심했습니다. 나는 그 말을 잊을 수 없습니다. 그 말은 내게 하나의 도전과 같았습니다. 나는 어려운 일이 있을 때마다 그 말을 기억했습니다."

우리의 삶에는 단 한 사람의 칭찬이라도 중요하다. 그 한 마디가 삶을 바꾸어 놓을 수도 있기 때문이다.

"천국 문은 모든 친절한 마음들을 향하여 열린다."
-피에르 장 드 베랑제 Pierre Jean de Beranger

장점을 칭찬한 후 비평하는 방법

1. 남이 없는 데서 당사자만 조용히 비평한다.
2. 마음에서 우러나오는 미소와 함께 친절한 태도로 비평한다.
3. 처음에는 먼저 칭찬해주면서 비평을 할 때는 상대방에게 자극을 주지 않도록 주의한다.
4. 상대방이 흥미와 관심을 갖도록 접근한다. 상대방이 거리낌 없이 느끼게 혹은 마음이 상하지 않게 접근한다.
5. 건설적으로 비평한다. 방법이나 대안을 성실하게 제시한다. 결점을 주의 주는 것으로 그쳐서는 안 된다. 비평할 줄 모르면 차라리 침묵하는 편이 낫다.

6. 비평한 다음 다시 한 번 칭찬해주고 등이라도 가볍게 몇 번 두드려 준다.
7. 비평한다는 것은 질책이나 교정과는 다르다. 비평 역시 결점을 고쳐주는 확실한 한 가지 방법이다.

마음을 움직이고 사람을 변화시키는
칭찬 한마디의 힘

용혜원 지음

발 행 일 초판 1쇄 2011년 4월 22일
발 행 처 평단문화사
발 행 인 최석두

등록번호 제1-765호 / 등록일 1988년 7월 6일
주   소 서울시 마포구 서교동 480-9 에이스빌딩 3층
전화번호 (02)325-8144(代)   FAX (02)325-8143
이 메 일 pyongdan@hanmail.net
I S B N   978-89-7343-343-8   03320

ⓒ 용혜원, 2011

* 잘못된 책은 바꾸어 드립니다.

이 도서의 국립중앙도서관 출판시도서목록(CIP)은 e-CIP 홈페이지
(http://www.nl.go.kr/ecip)에서 이용하실 수 있습니다.
(CIP제어번호: CIP2011001486)

> **Jesus Loves You**
> 저희는 매출액의 2%를 불우이웃돕기에 사용하고 있습니다.